T0169691

DANS LA MÊME COLLECTION

Anne BAUDART, *Qu'est-ce que la démocratie ?*
Bruno BERNARDI, *Qu'est-ce qu'une décision politique ?*
Christian BERNER, *Qu'est-ce qu'une conception du monde ?*
Hélène BOUCHILLOUX, *Qu'est-ce que le mal ?*
Christophe BOURIAU, *Qu'est-ce que l'imagination ?*
Alain CAMBIER, *Qu'est-ce que l'État ?*
Alain CAMBIER, *Qu'est-ce qu'une ville ?*
Patrice CANIVEZ, *Qu'est-ce que la nation ?*
Stéphane CHAUVIER, *Qu'est-ce qu'une personne ?*
Paul CLAVIER, *Qu'est-ce que la théologie naturelle ?*
Marc DE LAUNAY, *Qu'est-ce que traduire ?*
Jérôme DOKIC, *Qu'est-ce que la perception ?*
Éric DUFOUR, *Qu'est-ce que la musique ?*
Pierre GISEL, *Qu'est-ce qu'une religion ?*
Jean-Yves GOFFI, *Qu'est-ce que l'animalité ?*
Gilbert HOTTOIS, *Qu'est-ce que la bioéthique ?*
Catherine KINTZLER, *Qu'est-ce que la laïcité ?*
Michel LE DU, *Qu'est-ce qu'un nombre ?*
Pierre LIVET, *Qu'est-ce qu'une action ?*
Lorenzo MENOUD, *Qu'est-ce que la fiction ?*
Michel MEYER, *Qu'est-ce que l'argumentation ?*
Jacques MORIZOT, *Qu'est-ce qu'une image ?*
Roger POUIVET, *Qu'est-ce que croire ?*, 2e édition
Roger POUIVET, *Qu'est-ce qu'une œuvre d'art ?*
Joseph VIDAL-ROSSET, *Qu'est-ce qu'un paradoxe ?*
John ZEIMBEKIS, *Qu'est-ce qu'un jugement esthétique ?*

QU'EST-CE QUE LA VIE ?

CHEMINS PHILOSOPHIQUES

Collection dirigée par Roger POUIVET

Paul-Antoine MIQUEL

QU'EST-CE QUE LA VIE ?

Paris
LIBRAIRIE PHILOSOPHIQUE J. VRIN
6, place de la Sorbonne, V[e]
2007

Imprimé en France
ISSN 1762-7184
ISBN13 : 978-2-7116-1780-7

www.vrin.fr

QU'EST-CE QUE LA VIE ?

LA MATIÈRE VIVANTE ET LA MATIÈRE SANS VIE : UN VIEUX PROBLÈME

Dans *L'évolution créatrice* de Bergson (1907), il y a une énigme réservée aux lecteurs attentifs. On sait que le philosophe français introduit dans la matière vivante un courant, *un élan de vie*, onde immense, cercle dont le centre est partout et la circonférence nulle part. Mais peu de commentateurs se sont penchés sur le fait que Bergson représente cet élan comme « une force limitée ». Si on regarde attentivement son texte, on s'aperçoit qu'il propose deux interprétations différentes de sa propre image :

> 1) la vie est « une force limitée, qui toujours cherche à se dépasser elle-même, et toujours reste inadéquate à l'œuvre qu'elle tend à produire » ;
> 2) « l'élan est fini, et il a été donné une fois pour toutes. Il ne peut pas surmonter tous les obstacles ».

Dans (2), l'élan vital, principe métaphysique par excellence, est pourtant fini. Ce qui est principe de toutes choses est donc limité. Pourquoi ? En ajoutant qu'il a été « donné une fois pour toutes », Bergson pense cette finitude sur le modèle de l'objet, ou de la force physique. Un objet a des contours bien définis, une force physique se mesure. Les limites de l'objet ou de la force sont donc fixées de l'extérieur et spatialement. Ce sont des phénomènes observables, soit directement, soit indirectement par les effets qu'ils produisent. Mais comment le philosophe de la durée pourrait-il donc accepter de réduire un principe métaphysique à sa représentation spatiale, lui qui nous dit pourtant par ailleurs que l'espace est le schème de l'intelligence et qu'il fournit des représentations du temps forcément artificielles ? L'espace est la simultanéité, la durée est la succession. L'espace est du fait sur mesure. Quand la durée s'active, elle est au contraire « ce qui *se* fait ».

Mais dans (1) au contraire, la vie est puissance, dynamisme, force de dépassement. Elle se fait. Elle est la durée rendue active, exprimée dans le monde de la nature et non plus simplement dans celui de ma conscience. Comment peut-elle l'être ? Parce que la vie est limitée par la matière. Si maintenant elle est « toujours inadéquate à son œuvre », c'est que cette limite est essentielle et non pas accidentelle. La formulation (1) ne va donc pas dans la direction spiritualiste traditionnelle que Bergson propose lui-même et selon laquelle il y aurait l'esprit d'un côté et la matière de l'autre. La vie est de part en part matérielle. Elle n'est simplement pas que matérielle. Il faut éclaircir les mots. Qu'est-ce au juste qu'une limite essentielle ? Si la matière fait partie de la vie, alors la vie n'est elle-même que dans ce qui la limite. La matière est une limite interne, un « *faire* », elle est la garantie que la vie est une force toujours incomplète, inadéquate, un « *se* fait ».

En quoi consiste ce « faire » ? Il est d'abord l'être en acte. La matière est actuelle, actualité. Elle est « image », observable qui remplit un espace. C'est un espace complexe. La perception est aussi une image, une « image d'images ». Elle est également matérielle, neuronale, nous pouvons l'observer dans les « expériences d'aspect » par exemple. La matière est le présent du temps. Elle commence avec l'événement, cette pointe, cette singularité complexe, qui est d'abord mon présent, mais aussi celui des autres et en passant à la limite, celui de l'univers. La pointe s'étale en surface. Mais fondamentalement elle est l'être en acte, ce qui n'est pas en puissance. Elle est la négation de l'être virtuel. La vie contient sa négation. Cette négation est donc forcément quelque chose de la vie. Elle n'est pas un néant ! La vie est un ordre qui contient en elle son désordre. Mais ce désordre n'est pas rien. Il fait partie d'elle, il fait partie du réel. Il suffit de *ne plus accepter pour ce faire que le réel soit du plein*. C'est pourtant là un des plus vieux postulats de la métaphysique traditionnelle. On le retrouve chez Platon, Aristote, ou encore chez Leibniz ou Descartes. Mais c'est aussi un des plus vieux postulats de la science. En logique il renvoie au principe du tiers exclu. En physique il prend la forme du démon de Laplace. C'est ce postulat fondamental que le grand philosophe français détruit, *car il engendre une mécompréhension de la vie*.

La matière est quelque chose pour la vie, car la matière dure, comme la vie. Elle est une dimension du temps, la dimension du présent. L'être en acte est donc lui-même un être temporel. Comme telle, elle n'a pas simplement un présent. Elle est un « mouvement » de matérialité. Elle a une mémoire et elle a une manière d'évoluer. Elle a une mémoire endormie et passive, une mémoire automatique. Vous pouvez l'observer aussi bien dans la nature que dans l'esprit, dans votre esprit, qui – ne l'oublions pas – est de part en part matériel ! Prenez la seconde loi de Kepler par exemple. Elle dit que les surfaces balayées par un astre qui tourne autour du soleil en un temps Δt seront toujours les mêmes. Pourtant la trajectoire de cet astre est elliptique et non circulaire. Il s'éloigne, puis il se rapproche du centre. Mais la surface ne change pas car sa vitesse augmente quand il est plus proche du soleil. C'est la même chose pour le pendule : sa vitesse augmente quand il se rapproche du sol. Ces systèmes conservent leur mémoire mécanique : leur action, leur énergie mécanique, la symétrie entre les espaces parcourus et les temps écoulés. Cette mémoire est *comme* un ancien présent qui revient, un virtuel qui est *comme* de l'actuel. Lorsque vous débitez une formule de chimie ou que vous récitez un poème, n'est-ce pas une mémoire automatique analogue qui guide votre pensée ?

Mais la matière a aussi une manière d'évoluer qui lui est propre et là encore vous pouvez le sentir en vous, comme vous pouvez l'observer dans les choses. Qu'est-ce qu'une manière d'évoluer? Pour un physicien, c'est une flèche, un vecteur. Mais le vecteur est une invention merveilleuse : il dit qu'une flèche a sa contre flèche. Il suffit d'inverser les signes de l'équation vectorielle. Sous le vecteur (force, quantité de mouvement), il y a toujours une norme (énergie), donc une symétrie, un invariant. Pourtant le physicien découvre un problème en analysant la matière. L'énergie mécanique se perd. La matière se transforme. Elle change de forme. Comment analyser ce changement? Là encore, c'est comme s'il y avait un invariant. Pour comprendre que l'énergie mécanique se perd, il faut accepter que l'évolution de la matière est *statistique*. Bergson rejoint ainsi ce que Schrödinger appellera « l'approche naïve du physicien ». Au lieu de prendre la chaleur dégagée par de l'eau qui se transforme en vapeur pour un fluide invisible, prenons-la pour un gaz, une population de molécules. L'évolution de ce liquide transformé en gaz ne fait que traduire le comportement statistique des molécules qui le composent. Enfermons maintenant ce gaz dans une enceinte : c'est un système thermodynamique *fermé*. Il connaît lui-même une évolution. Les molécules qui le composent et qui étaient à une certaine place, finissent par pouvoir être à n'importe quelle place. Il y a équiprobabilité de toutes les vitesses et de toutes les positions possibles de ces molécules. L'état dans lequel ces événements aléatoires sont équiprobables est un état qui obéit aux lois du hasard. Supposons par exemple qu'au départ il y ait des molécules lourdes et lentes d'un côté de l'enceinte, et les légères et rapides de l'autre, nous n'avons plus à l'arrivée qu'un parfait mélange. Le physicien prédit que cet équilibre, ce *maximum* de mélange est l'état attracteur vers lequel tend tout système de gaz. Mais il extrapole ensuite : il affirme que c'est aussi l'état attracteur de tout système physique, y compris l'univers lui-même, qu'il faut donc concevoir comme un système fermé. Il s'agit bien d'un état attracteur. Si nous inversons la position et la vitesse de toutes les molécules qui ont atteint cet équilibre entropique, elles ne devraient pas revenir à leur état initial. Elles devraient rester dans le même état d'équilibre. Fondamentalement donc la matière est un ensemble d'événements-images doté de différentes formes de mémoire mécanique et dont l'évolution est *purement statistique*.

Pourquoi donc la vie est un « se faire » et non plus quelque chose de « tout fait » ? Prenons un réservoir de vapeur, nous dit le philosophe. Le gaz s'échappe. Mais plus il s'élève et plus il se transforme en gouttelettes liquides qui devraient tomber sur le sol, sous l'action de la gravité. Pourtant le gaz qui s'échappe *retarde* la chute des gouttelettes qui se forment. *Nous avons là un système thermodynamique qui n'est plus fermé et qui est loin de l'équilibre*. À quelle « mécanique de la transformation » obéit-il donc ? Cette « mécanique » n'est qu'un « rêve », elle n'est qu'une image de philosophe en 1907. Mais ce que dit le philosophe a du poids, non pas seulement parce que les chimistes vont découvrir les structures dissipatives, mais parce que l'image contient une interprétation ontologique de la vie qui pèse toujours comme une énigme à l'intérieur de la science d'aujourd'hui. La vie, comme activation de la dimension virtuelle de la durée est *dépassement de soi*, c'est-à-dire de la dimension matérielle que la vie contient et qui fait partie d'elle.

Il n'y a pas de vie sans contraintes mécaniques et statistiques. Mais elle n'obéit plus à une flèche d'évolution unique.

Prenons la plante : elle croît, elle se reproduit. Elle trouve sa nourriture sur place. Pourquoi se déplacerait-elle ? Mais si la nourriture vient à manquer, elle meurt. Il y a des intermédiaires entre l'animal et la plante : l'orchidée, par exemple. Mais l'animal se déplace. Il flambe. Il va au casino. Il dépense l'énergie stockée dans ses cellules par l'ATP et le NADH. Cette dépense n'induit directement aucune croissance, aucune reproduction. Pourtant il acquiert ainsi, par les mécanismes complexes de l'évolution, l'aptitude de *savoir* où trouver de la nourriture. Quand l'abeille revient du champ et exécute sa ronde devant la ruche, elle *indique* la position du champ aux autres abeilles. C'est la fonction instinctive. Chez l'abeille, organisation et action sont dissociées. Mais l'homme lui-même n'est-il pas un grand flambeur ? Pourquoi gaspiller ainsi son énergie dans l'esprit, dans le langage, dans l'analyse et l'évaluation des pensées exprimées de manière symbolique dans des signes ? Pourquoi la représentation n'est-elle plus ici « bouchée par l'action » ? Pour rien. Pour du gaspillage. Mais pourtant rétrospectivement, dans ce gaspillage il y a la fonction intellectuelle qui se développe, de même que, dans le gaspillage philosophique naîtra la fonction intuitive, car le plus grand flambeur de la nature et de l'humanité, c'est le philosophe ! Le philosophe est « dissipé » par essence, depuis la mort de Socrate. Raisonner en termes fonctionnalistes est absurde ici. C'est nier cette dimension ontologique fondamentale de la vie : *il faut qu'il y ait du gaspillage, il faut qu'il y ait du désordre*.

La vie est littéralement un *objet absolu* pour Bergson. La vie est finie comme un objet. Elle n'est pas au-delà de toute finitude. Elle commence quelque part et à un certain moment. Pas de doute. Elle n'est pas – dans l'analyse que nous venons de suivre – un Dieu ou une puissance transcendante. Elle n'est même pas une substance immanente et éternelle, car elle n'est rien de purement invariant. La vie en effet n'est active que dans la matière. Elle ne dure que dans l'espace. Elle prend donc chair dans et à travers quelque chose d'actuel et d'observable : *un événement*. Elle est donc aussi analysable comme telle.

Mais l'absolu de la vie n'est pourtant pas un objet ! Pour y accéder, pour le comprendre, nous pouvons prendre appui sur la science, puisque celle-ci analyse les phénomènes observables, les molécules et les cellules. La science va nous aider à comprendre ce qui caractérise la vie : la contingence, l'altérité. La vie n'est pas une figure de la nécessité. C'est plutôt la nécessité qui est une figure de la vie. Par essence la vie est contingente, puisqu'elle se réfléchit dans sa propre matière comme quelque chose qui « n'est pas » elle. Elle est ce qu'elle est à travers ce qu'elle « n'est pas ». Ce qu'elle « n'est pas » fait partie d'elle-même. Elle n'est pas que des atomes, que des molécules, que l'évolution statistique d'une population de molécules. Mais il faut pourtant qu'elle le soit pour ne pas l'être ! Nous voyons ainsi ce qui est au cœur du problème : « contre toute logique » l'absolu de la vie vient de ce caractère *hétéro-organisationnel* : elle est ce qu'elle est, dans ce qu'elle « n'est pas ». Ce n'est plus l'objet ainsi, c'est sa forme qui se caractérise par l'altérité et la contingence.

LA VIE N'EST-ELLE QUE DE L'INFORMATION GÉNÉTIQUE ?

C'est entre 1940 et 1970 que nous voyons se développer l'idée que les gènes sont les molécules de la vie. Nous allons voir ce qu'il faut entendre par là. Les gènes sont alors conçus comme des *éléments physico-chimiques*, mais qui contiennent en même temps « *le plan* » de la cellule, voire de l'organisme. C'est également par eux que l'hérédité se transmet d'une génération à une autre. Nous allons voir comment trois auteurs classiques déclinent cette idée, en nous intéressant au concept de «*microcode*» chez Schrödinger, puis aux notions de «téléonomie» et de «*programme génétique*» chez Mayr, et enfin à la notion «*d'arbitraire*» du «*code génétique*» chez Monod.

Le cristal magique de Schrödinger

Schrödinger s'inscrit d'abord dans une tradition selon laquelle, le comportement de la matière vivante défie la loi d'entropie. Dans une perspective spiritualiste, cela revient à croire qu'il y a une forme de causalité métaphysique à l'œuvre dans le processus évolutif. Mais une telle manière de voir est rapidement laissée de côté par le fait qu'en effectuant un bilan des recettes et des dépenses, nous nous apercevons que tout organisme vivant paye sa dette thermodynamique. Pour se diviser des milliers de fois dans un verre d'eau sucrée, la bactérie de Monod a dû dépenser de la chaleur.

Il reste une autre perspective, celle selon laquelle les lois de la mécanique statistique sont des filets aux mailles trop larges et trop mal taillées pour capturer et comprendre les phénomènes biologiques. C'est sur celle-ci que la réflexion de Schrödinger prend appui. Elle emprunte une direction qui fait aujourd'hui sourire. Le physicien allemand émet en effet l'hypothèse selon laquelle il faut distinguer un principe d'ordre à partir de l'ordre, d'un principe d'ordre à partir du désordre. Le fait que les molécules de la vie se reconstituent grâce à des mécanismes d'une précision extraordinaire et avec un taux d'erreur faible l'incite à penser que la vie se manifeste à basse température, là où l'entropie cesse de croître. Pourquoi ?

Dans ce qu'il appelle «l'approche naïve du physicien», quoique le comportement individuel d'une molécule soit imprévisible, le comportement d'une population est déterminé statistiquement d'une manière d'autant plus précise que cette dernière est grande. Reprenons l'exemple des gouttelettes composant un brouillard dans un récipient en verre. Il s'affaisse progressivement d'une manière définie par la taille des gouttelettes et la viscosité de l'air. Cependant chacune de celle-ci suit un mouvement parfaitement irrégulier qui s'apparente au mouvement brownien et qui ne correspond qu'en moyenne à un affaissement régulier. De la même manière et avec certaines hypothèses complémentaires, une population de gènes est entièrement définie par sa structure génotypique, pourvu que sa taille soit infinie et qu'aucune force externe n'agisse sur elle. C'est l'équilibre Hardy-Weinberg en génétiquc des populations. Pourtant le brassage inter-chromosomique s'effectue selon les lois de hasard à chaque génération et pour chaque œuf.

Mais si au contraire la taille de la population de gènes ou de molécules diminue, une nouvelle loi statistique s'applique, la loi des écarts types par rapport à la moyenne ou loi des erreurs. Elle spécifie que lorsque la taille de la population est N, l'écart type par rapport au comportement moyen des molécules est de $\sqrt{N}$. Plus donc la valeur de N est faible et plus la fluctuation sera grande : un millième pour un million (1/1000), mais un dixième pour cent (1/10). Imaginons maintenant que chacun des gènes permettant à une cellule vivante de se reproduire soit composé de mille molécules. Le taux d'erreur à chaque génération nouvelle serait monstrueux. Pourquoi une telle supposition a-t-elle du sens ? Parce qu'au même moment Max Delbrück fait des expériences sur la mutagenèse induite par les rayons X sur les chromosomes des cellules. La mutation apparaît comme un événement unique et qui concerne un très faible nombre de molécules (de l'ordre du millier précisément). Il faudrait que le génome des cellules vivantes mute en permanence pour que la biologie puisse se conformer aux prédictions de la physique statistique.

Les gènes ne sont donc pas du gaz. Ils sont stockés dans du cristal. Le physicien allemand rappelle les lois de la génétique formelle et les mécanismes de la division cellulaire. En effet la répartition binomiale $(a+A)^2$ à la seconde génération proposée par la génétique mendélienne après hybridation des caractères [1] présuppose à la fois la pureté des gènes et leur recombinaison, lors de la reproduction selon les lois du hasard. Les divisions réductionnelles et équationnelles lors de la *méiose*[2] qui transforment des cellules normales en cellules sexuelles montrent comment l'information génétique peut en effet se diviser en deux (les paires de chromosomes, puis les chromatides des chromosomes se séparent) et se reconstituer après la fécondation de l'ovule par le spermatozoïde. Ce mécanisme permet de comprendre comment de multiples combinaisons d'éléments peuvent être testées. Mais ces constituants génétiques eux-mêmes *ne doivent pas être affectés* sous peine de violer le double principe de la pureté des allèles et de l'indépendance

1. Prenons une mouche. Elle a des ailes longues. Supposons qu'il y a un gène qui gouverne la longueur de l'aile. Un caractère ou phénotype pur est exprimé à partir d'un génotype homozygote (deux fois le même gène). Supposons que (aa) commande « ailes longues ». C'est la forme sauvage.

Maintenant la forme mutée (AA) commande « ailes courtes ». C'est un autre génotype homozygote qui exprime un autre caractère pur.

On croise deux mouches de types distincts. À la deuxième génération on obtient un hybride, commandé par un génotype hétérozygote : (aA).

Puis on croise ensemble des hybrides et on regarde ce qui se passe à la troisième génération. Si on suppose que les recombinaisons se font au hasard, on doit avoir une répartition de probabilité suivant la loi $(a+A)^2$. C'est bien ce que le calcul statistique permet de vérifier, quand les caractères sont mendéliens.

2. Division des cellules sexuelles.

des caractères. Il y a donc bien là un mécanisme d'une grande précision dont les éléments pourtant très petits ne changent que très rarement de nature. Or dans le cristal les atomes sont liés les uns aux autres par une certaine forme d'énergie qui leur confère leur stabilité. Il faut donc bien que le support du gène soit un cristal. Nous avons ainsi une base physique pour justifier l'existence de la biologie moléculaire. C'est dans l'étude des cristaux et non dans celle des gaz que nous devons pouvoir la trouver.

Mais qu'est-ce qu'un gène exactement? À l'époque de Schrödinger, le modèle pour penser celui-ci est celui du « complexe multienzymatique » ou du « moule ». Or un gène, nous allons voir pourquoi, n'est ni un tel complexe, ni non plus un substrat ou un moule. Ce qui est gênant dans l'image du moule est l'idée que nous disposons d'un motif originel et que la réplication est la copie de celui-ci. Mais comment le phénotype pourrait-il alors être exprimé à partir de son moule génotypique, si on admet qu'il n'y a pas d'équivalence directe de formes entre eux ? Voilà donc l'idée géniale de Schrödinger : le gène est stocké dans un cristal *apériodique*. La structure moléculaire qui le porte n'est pas un simple moule, mais ce n'est pas non plus une molécule uniquement dotée des propriétés chimiques des protéines. C'est plutôt une sorte de code, dont les éléments constituants sont des « symboles ». L'auteur prend notamment l'exemple du Morse pour se faire comprendre. Il y a une distorsion *entre la structure chimique des constituants et la fonction qu'ils remplissent*. C'est là que l'idée centrale de la biologie moléculaire classique prend naissance. On pourrait notamment envisager que la même fonction soit remplie à partir d'autres constituants.

Notons qu'il n'est pas simplement question pour le physicien allemand d'expliquer simplement la réplication du matériel génétique ou de la synthèse d'éléments nouveaux dans la cellule, mais bien le développement lui-même. Il s'agit d'asseoir l'embryologie sur la génétique.

Il est également clair que le code n'est pas une simple règle de transformation ou de traduction d'un message énoncé en un langage dans un autre langage. Le physicien l'appelle « *code-script* » ou *plan*, mais il ne s'agit pas de ce que l'on appellera plus tard le « code génétique ». C'est plutôt l'idée *qu'une représentation de l'ensemble des éléments* composant un système *est contenue à l'intérieur de l'un de ses éléments* :

> Chaque ensemble complet de chromosomes contient le code tout entier… Ils sont le code de loi et la puissance d'exécution. Ils sont à la fois le plan de l'architecte et la force de travail de l'ouvrier[1].

Il faut un esprit pour déchiffrer le plan de cet architecte, cette suite d'instructions, ce mécanisme, cet algorithme.

Faisons quelques précisions terminologiques. Nous parlions d'un mécanisme ou d'un algorithme, mais à condition d'abord de ne pas réduire un mécanisme aux lois de la mécanique. Ma montre obéit aux lois de la mécanique. Mais l'ensemble des rouages qui la composent est destiné à produire un effet déterminé : indiquer l'heure. Un mécanisme ne se définit pas simplement par la relation entre ses éléments, mais par la tâche qu'il accomplit, grâce à cette mise en relation. Il est donc défini non pas d'une manière seulement *syntaxique*, par les lois auxquelles il obéit, mais d'une manière *sémantique* par les tâches qu'il accomplit. Pourtant, le plus important manque encore.

Le plan de la montre coïncide en effet avec l'ordre et l'arrangement des différents éléments de celle-ci, comme tel

1. E. Schrödinger, *What'is life ?*, Cambridge, Cambridge University Press, 1992, p. 23.

était également le cas pour l'univers contemplé par le Démon de Laplace.

Tel n'est plus le cas pour le *codescript* de Schrödinger. Il y a un « plan », *un élément physique* qui porte en même temps *la structure logique* de la machine, un cristal apériodique qui remplit cette tâche qui n'est plus mécanique mais *informationnelle*. Notre démon contemple dans sa boule de cristal le développement entier de l'organisme qui est autre chose que cette boule à la fois sur le plan spatial et sur le plan temporel. L'auteur ajoute – et c'est un point central pour nous – que cette description est *complète* : « la forme entière du développement futur de l'individu (*the entire pattern of the individuals future development*) ».

La téléonomie selon Mayr

Ce qui est frappant dans l'article de Mayr de 1961 (« *Cause and effect in biology* ») c'est d'abord la distinction qu'il propose entre biologies fonctionnelle et évolutionniste. C'est elle qui justifie l'existence de deux formes de causes selon lui bien distinctes : les causes prochaines et les causes lointaines. C'est elle également qui explique qu'en biologie, contrairement à la physique, explication ne rime pas avec prédiction.

Quelle est donc la cause du départ de l'oiseau migrateur vers le sud? Il y a la chute de la température extérieure et la sensibilité de l'animal à la photo-périodicité. Ce sont des causes physiologiques. Mais il y a également les modifications génétiques lointaines qui ont permis à l'oiseau de savoir répondre par la migration aux *stimuli* extérieurs qui se conjuguent avec le fait que sa nourriture (des insectes) disparaît en hiver. Regardons donc de plus près les causes prochaines et la notion de fonction. Elle va donner lieu à un très intéressant déplacement de sens. Elle prend d'abord appui en effet sur la distinction entre anatomie et physiologie. Mais elle va trouver son vrai fondement ensuite dans la différence de niveaux entre biochimie et biologie moléculaire.

Qu'est-ce qu'une fonction biologique ? La question importante n'est d'abord pas « pourquoi ? », mais « comment ? ». Il faut retrouver le mécanisme spécifique qui permet à l'organe ou à l'animal d'accomplir une tâche. Il faut donc isoler les différents éléments qui le composent et tenter de les faire varier quantitativement les uns par rapport aux autres jusqu'au moment où l'on peut obtenir un effet reproductible. L'expérience du foie lavé permet par exemple à Claude Bernard de mettre en valeur et de quantifier la transformation du sucre en glycogène opérée par cet organe. On peut ensuite donner un sens plus systémique à cette notion de fonction en mettant en relation la production de glycogène et celle d'insuline, puis la régulation du taux d'insuline, etc. On a donc l'impression d'une certaine manière que le foie accomplit une tâche comme la montre, qu'il *est fait pour quelque chose*. Mais d'un autre côté l'effet qu'il produit n'est que le résultat de la disposition de ses éléments. Il est entièrement réductible à celle-ci. Il n'y a donc pas d'intention et de but interne. Il n'y a qu'un automatisme, ce que les biologistes vont commencer à appeler « un système de régulation », en référence quasi-explicite aux modèles de la cybernétique.

Mais le vrai fondement de la biologie fonctionnelle se trouve pour Mayr dans la biologie moléculaire et dans la différence entre les caractéristiques structurales de l'ADN[1] et les fonctions qu'il remplit. Le biologiste américain prend appui ici sur les importantes découvertes des fonctions de

1. Acide désoxgribonucléique.

réplication de transcription et de traduction des ADN et ARN[1] :

> Le code ADN, à la fois parfaitement individuel et pourtant spécifique, de chaque zygote (ovule fertilisé) qui contrôle le développement du système nerveux central et périphérique, des organes de sens, des hormones, de la physiologie et de la morphologie, est le programme pour l'ordinateur comportemental de cet individu[2].

Le programme génétique dont il est question ici n'est pas seulement la qualité ou la disposition à pouvoir coder pour *la synthèse de protéines*, mais bien également celle de contrôler *le développement* de l'organisme. Certes l'auteur établit ensuite une distinction entre programme fermé et programme ouvert. Il rappelle l'exemple de l'oie qui suit dès sa naissance le premier animal qu'elle voit, même s'il ne s'agit pas de sa mère. Mais cela ne change rien à la volonté de pouvoir établir un pont fructueux entre biologie moléculaire et embryologie sur le fondement des hypothèses émises dans la première de ces disciplines. Mais en quoi consiste donc ce programme génétique ?

Mayr (1961) reprend la distinction entre *téléologie* et *téléonomie* établie par un autre biologiste avant lui (Pittendrigh). Le comportement de l'individu est orienté vers des buts : manger, dormir, migrer, se reproduire. Mais ces buts ne consistent que dans le développement d'un automatisme dont la description est donnée dans les gènes. L'idée d'un élément du tout qui contient sa description se cristallise donc sous l'usage de la métaphore du « programme génétique ». Le

1. Acide ribonucléique.

2. E. Mayr, « Cause and Effect in Biology », *Nature*, 134, p. 1501-1505, 10 November 1961.

code génétique devient une règle de transformation qui permet de mettre en relation cette description contenue dans le cristal apériodique d'ADN pourvu d'un alphabet de quatre lettres (A, T, G, C[1]) avec la synthèse de la protéine composée de vingt sortes d'acides aminés. Mais il ne faut pas confondre *les règles de transcription* de l'ADN en ARN, puis de traduction de l'ARN en protéine, avec *l'algorithme* qui est transcrit et traduit et qui constitue le programme.

Il est facile d'évacuer rapidement la métaphore en jugeant qu'elle vient d'une interaction abusive entre la biologie moléculaire et la théorie de l'information. Mais il faut en voir en même temps toute la valeur heuristique. Elle permet en effet de donner une base à la distinction établie par Weismann entre cellules germinale et somatique, ainsi qu'à la conception mendélienne du gène support et atome de l'hérédité qui se sépare et se recombine lors de chaque reproduction sexuelle.

La première distinction suppose que c'est le corps qui est le vêtement de l'hérédité et non l'inverse. Il n'est plus qu'une enveloppe ou une excroissance qui se décompose puis se recompose. La cause de ce processus n'est donc pas à trouver dans le corps, mais dans un invariant dont il dépend et qui constitue la base de l'idée de déterminisme génétique : le phénotype[2] est exprimé à partir du génotype[3], mais n'agit pas en retour sur lui. Il y a un flux unidirectionnel d'information de l'un à l'autre qui permet d'établir une distinction hiérarchique entre les effets produits qui dépendent des causes, sans que les causes en question ne dépendent des effets qu'elles produisent. Voilà pourquoi il faut renoncer à l'hypothèse de l'hérédité des caractères acquis proposée par Lamarck.

1. A, T, G, C sont les quatre bases azotées de l'ADN.
2. L'ensemble des traits observables d'un être vivant.
3. Le patrimoine héréditaire d'un individu.

La seconde distinction spécifie que les gènes sont des éléments qui peuvent s'ajouter ou se retrancher comme les lettres de l'alphabet d'une langue qui composent un mot. Il y a là une grammaire des possibles, une bibliothèque de Mendel, parmi lesquelles les combinaisons de nucléotides s'actualisent. D'une certaine manière, une protéine ne peut être synthétisée qu'à partir de l'une de ces combinaisons, ce qui pourrait spécifier un niveau de contrainte biologique par delà le niveau physique. Certes Mayr est loin d'en rester à la lettre de la conception mendélienne du gène. Il la critique de manière virulente. Mais il est un chaud partisan de sa compréhension populationnelle à l'intérieur de laquelle c'est la recombinaison qui fait tout, plutôt que les seules mutations. Il faut simplement ajouter à cela toutes les interactions qui rendent le raisonnement quantitatif si improbable en génétique. La métaphore du programme cadre parfaitement avec ces deux exigences, ainsi qu'avec la reconnaissance du caractère irréversible de la transcription et de la traduction de l'ADN vers l'ARN, puis de l'ARN vers la protéine. C'est le fameux dogme central de la biologie moléculaire énoncé par Crick en 1958.

Monod et l'arbitraire du signe biologique

La position de Monod (1970) est plus radicale encore. Revenons sur trois notions fondamentales qu'il développe : la stéréospécificité, l'allostérie et l'opéron. La *stéréospécificité* est l'idée d'une reconnaissance de forme. Elle est l'idée qu'une molécule tire ses propriétés, notamment ses propriétés catalytiques, par la manière qu'elle a de s'emboîter parfaitement avec une autre molécule, comme si l'une était une clé et l'autre une serrure. Mettez votre clé à l'envers par exemple, et elle n'ouvre plus la porte. Il faut qu'elle soit à l'endroit.

Mais le concept *d'allostérie* nous engage encore plus loin. Voyons comment Monod le définit.

Il montre comment le fait qu'une protéine passe d'un état passif à un état actif où elle catalyse une réaction dépend de l'interaction qu'elle peut avoir avec plusieurs éléments agonistes ou antagonistes de la réaction, qui sont reconnus en des sites spécifiques. En même temps qu'une protéine allostérique peut catalyser une réaction avec un substrat spécifique, les produits de celle-ci peuvent servir à inhiber ou à amplifier son activité. Ils jouent donc un rôle régulateur. Le concept de régulation est déjà la marque que l'effet produit par cette chaîne de réactions n'est pas un simple effet chimique. On pourrait l'appeler un effet cybernétique :

> C'est sur de telles bases, mais non sur celle d'une vague « théorie générale des systèmes » qu'il nous devient possible de comprendre en quel sens, très réel, l'organisme transcende en effet, tout en les observant, les lois physiques pour n'être plus que poursuite et accomplissement de son propre projet [1].

Mais il en va de même des fonctions de transcription et de traduction des ADN et ARN. Rappelons qu'un segment d'ADN est d'abord « transcrit » en ARN messager. Puis à partir du fragment d'ARN messager, une séquence d'acide aminé est synthétisée, grâce à un processus complexe que l'on appelle « traduction ». Les protéines sont composées d'acide aminé.

Ce qui frappe beaucoup Monod est ce qu'on nomme en biologie « la complémentarité » deux par deux des paires de nucléotides AT, GC qui constitue la base chimique de la réplication du cristal d'ADN, alors même qu'aucune contrainte globale ne repose sur la structure apériodique de la molécule. La structure d'ensemble peut s'accommoder de toutes les

1. J. Monod, *Le hasard et la nécessité*, Paris, Seuil, 1970.

séquences possibles et si on ne savait pas quelle fonction elle remplit, elle ressemblerait à s'y méprendre à *une suite aléatoire*. Il n'y a donc rien dans la *syntaxe chimique* de cette structure qui permette de comprendre quelle *fonction biologique* elle remplit :

> De sorte qu'il est bien vrai que le code génétique est écrit dans un langage stéréochimique dont chaque lettre est constituée par une séquence de trois nucléotides (un triplet) dan l'ADN, spécifiant un acide aminé (parmi vingt) dans le polypeptide, *il n'existe aucune relation stérique directe entre le triplet codant et l'acide aminé codé*. Ceci entraîne une très importante conclusion, à savoir que ce code universel dans la biosphère, paraît chimiquement *arbitraire*, en ce sens que le transfert d'information pourrait tout aussi bien avoir lieu selon une *autre* convention [1].

D'un côté, en effet, l'ADN va se définir par sa fonction biologique : une séquence de nucléotides qui code pour la synthèse d'une protéine. En ce sens il remplit bien la fonction du gène : il constitue une molécule qui contient en elle et par l'agencement de ses éléments la description nécessaire à la synthèse d'une série d'autres molécules. Le terme de « description » désigne ici simplement le fait que, quel que soit le nombre de protéines produites à partir de la même séquence d'ADN, cette dernière ne sera en rien affectée par les effets qu'elle produit. En termes plus scientifiques, il y a une relation de colinéarité et d'irréversibilité entre l'ADN et la protéine synthétisée. Mais d'un autre côté il n'y a rien dans la structure chimique de la molécule qui permette de comprendre quelle fonction elle remplit. On pourrait imaginer que d'autres structures chimiques accomplissent la même tâche. Voilà pourquoi

1. J. Monod, *op. cit.*

Monod utilise le terme « d'arbitraire », sans doute emprunté à la linguistique de Saussure. Nous retrouvons en effet exactement la même idée dans le *Cours de linguistique générale*. Le lien, précise Saussure, entre le signifié (le concept) et le signifiant (l'image accoustique) est arbitraire. Les mots *arbol*, *arbre*, *tree*, *Baum*, véhiculent le même signifié. Ne peut-on pas aisément en induire que le signifié véhiculé par un triplet de nucléotides est l'acide aminé qu'il exprime ?

Mais venons-en au modèle de *l'opéron lactose*. Un opéron est un *ensemble* génétique qui s'exprime d'une manière coordonnée ou régulée. Le concept de *régulation* est donc employé ici à propos des *gènes* et non plus simplement des *protéines allostériques*. Rappelons que ce modèle, ainsi que la découverte de l'ARN messager, on valu le prix Nobel à Monod, Jacob et Lwoff en 1963.

Les gènes régulateurs codent pour la synthèse de protéines qui jouent le rôle de facteurs de transcription, comme la protéine répresseur du modèle de l'opéron lactose qui est une protéine allostérique, pourvue donc d'un double site, régulateur d'un côté, et catalytique de l'autre. Ainsi nous avons l'idée que la régulation des gènes est codée à partir des gènes eux-mêmes. Dans ce modèle, *en l'absence d'inducteur*, la molécule répresseur R se fixe normalement sur l'opérateur O et empêche le fonctionnement de l'ARN-polymérase (qui démarre à partir du site « promoteur » la transcription de l'ARN en protéine).

Mais *en présence d'inducteur* (une variété de sucre dont le « colibacille » se nourrit), celui-ci se lie au répresseur R et l'inactive. Le déplacement de l'ARN-polymérase sur le site « promoteur » P permet la transcription des ARN messagers qui codent pour la synthèse de la protéine betagalactosidase qui hydrolyse le sucre (*bétagalactoside*) et de la perméase qui fait pénétrer celui-ci dans la membrane bactérienne du colibacille.

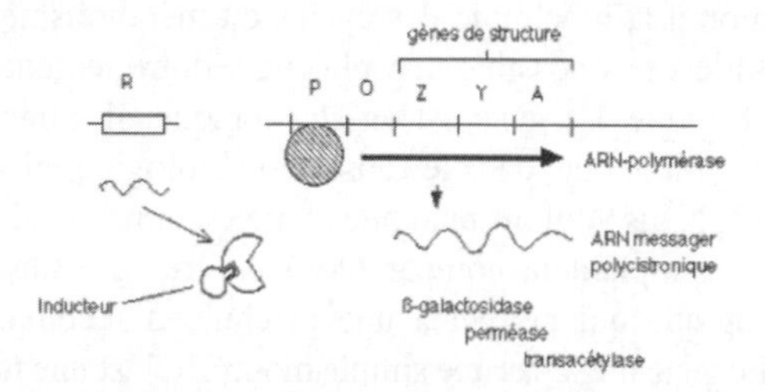

Conclusion

Les notions de « microcode », de « régulation » et de « programme génétique » montrent à quel point la notion de gène est énigmatique. Nul doute qu'elle fasse partie intégrante de la biologie, nul doute qu'il faille passer par elle lorsqu'on tente aujourd'hui de répondre à la question « qu'est-ce que la vie ? ». Je voudrais revenir ici rapidement sur ce qui semble au cœur de cette notion dans la biologie classique, puis sur l'exploitation épistémologique qui en est faite actuellement par les philosophes des sciences.

On ne peut pas ignorer non plus que cette question, ainsi que la manière dont elle est abordée dans le cadre de la biologie moléculaire des années 60-70, laisse apparaître des difficultés massives. L'analyse de ces difficultés permet de mieux comprendre tout un aspect des développements actuels de la biologie contemporaine. Je vais donc revenir sur ces deux points successivement.

1) Tout d'abord il me semble important de noter que les notions de plan, de code et de programme suggèrent que la molécule d'ADN est le support matériel de la notion de gène. Le gène est donc bien un être physico-chimique. Ce n'est pas

une entité métaphysique. Mais en même temps, de même qu'il n'est pas possible de réduire les biologies moléculaire et de l'évolution à la biochimie des cycles du métabolisme cellulaire, il n'est pas possible non plus de réduire le gène à une entité physique. Le gène est un être logique. Il a une signification symbolique, dans le cadre de la biologie moléculaire classique. Nous voulons bien nous faire comprendre. Le gène n'est pas simplement comparable à la structure logique et technologique qui permet à une machine d'accomplir une tâche. Le gène n'est pas une simple montre. C'est une pièce de la montre qui contient la description de la montre. Voilà le sens réel de la notion de « plan », ou de « programme ».

Cette notion de programme est difficile à cerner sur le terrain même de l'informatique. Elle a évidemment déjà un sens qui n'est pas seulement syntaxique, mais aussi sémantique. Henri Atlan a montré que le concept de complexité ne suffit pas en informatique à définir la notion de programme[1]. La complexité, c'est le minimum « Programme + Données » nécessaire à un ordinateur *pour* accomplir une tâche. Ce minimum est exprimable en langage binaire. Mais cela ne spécifie pas la notion de programme. Si le programme a comme tâche « répéter » et si on entre comme données une suite aléatoire, il est clair que l'ensemble « Programme + Données » sera hautement complexe, alors même que l'élément « répéter » sera très simple à implémenter dans un ordinateur.

Mais utilisée de manière analogique dans le langage de la biologie, elle renvoie à l'idée qu'il y a un élément physique d'un système qui contient en même temps une description ou une représentation complète de ce système. C'est ce Démon

1. H. Atlan, M. Koppel, « Self-Organization and Computability », *La Nuova Critica*, 30/2, 1997, p. 5-17.

logique qui serait la véritable cause du développement ontogénique, c'est lui également qui constituerait l'hérédité génétique diffusée par un organisme vivant à sa descendance. Aucun système physique classique ne dispose de ce type d'élément, qui ne prend sens que sur le fondement d'une comparaison entre une machine technologique inventée par l'homme et la cellule vivante. Évidemment, on peut se demander si cet être logique a une réalité biologique, ou s'il n'est pas inventé par l'homme dans sa tentative d'explication de la réalité biologique.

2) La notion de gène, comme celle de « sélection naturelle » est actuellement exploitée plus ou moins explicitement par les épistémologues pour illustrer l'un des usages possibles du concept de « survcnancc », et plus présent ce qu'ils nomment la « survenance méréologique » (*supervenience*)[1]. Ils prennent appui pour ce faire sur la caractérisation classique du concept de gène en biologie moléculaire. De quoi s'agit-il ?

a) On peut estimer que le triplet de nucléotides UUU (pour Uracile[2]) est un gène transcrit en ARN et non pas simplement une entité chimique. Il a la propriété logico-informatique de contenir le plan pour la synthèse d'une protéine globulaire : la Phénylalanine. Il est vrai d'abord en effet que si cette synthèse est déterminée par cette séquence de nucléotides, c'est d'une manière irréversible. La relation est à sens unique. La protéine ne peut pas venir modifier en retour cette séquence. Tel est le postulat central de la biologie moléculaire classique. Il est également vrai ensuite, que l'existence de UUU *suffit* pour que cette synthèse démarre. Mais UUU n'est pas une condition

1. J. Kim, « Making sense of Emergence », *Philosophical Studies* 95, 1999, p. 3-36.

2. L'une des bases de l'ARN.

nécessaire pour ce démarrage. La séquence UUC pourrait faire aussi bien le travail, de même qu'une hache de pierre pourrait tout aussi bien couper un arbre qu'une hache de fer. La propriété « coder pour la synthèse d'une protéine » ressemble donc bien à une propriété « survenante ». Elle spécifie une contrainte logique qui s'ajoute aux contraintes physiques qui définissent UUU, mais qui *n'en découle pas nécessairement.* On ne peut donc pas non plus réduire cette contrainte logique à l'ensemble des conditions physiques sous-jacentes qui caractérisent ce triplet de nucléotides.

b) On peut dire en revanche que les propriétés logiques de UUU dépendent essentiellement du support physique dans lequel elles sont implémentées. On ne peut pas faire autre chose que de la Phénylalanine avec cette séquence d'ARN. Il y a donc une base physique des phénomènes biologiques, même s'ils ne se réduisent pas à cette base. On peut étendre maintenant cette idée à un « opéron », à un système régulé de gènes, comme dans le modèle de l'opéron lactose. Nous avons bien ainsi un tout qui a des propriétés biologiques qui ne sont pas celles de ses éléments, mais qui dépendent en même temps essentiellement de celle de ses éléments physico-chimiques formant sa base. Telle est la définition de ce que l'on nomme « survenance méréologique ».

c) Cette perspective permet de concilier ce que je nommerai ici « la conjecture physicaliste », avec une certaine forme « d'antiréductionnisme ». Le niveau biologique ne se réduit pas au niveau physique, mais il en dépend essentiellement. Cela suppose bien entendu alors *qu'il est possible de décrire complètement* les propriétés physiques de base de ce système. Et cela suppose également que ce système est *clôturé causalement.* Tels sont donc les deux caractéristiques propres de ce que l'on nomme habituellement le « physicalisme » : *les faits physiques fixent les faits.*

Les propriétés biologiques ne peuvent pas venir modifier les propriétés physiques dont elles dépendent essentiellement. Cela marche parfaitement ici en apparence. Nous admettons en effet que la propriété « coder pour la synthèse d'une protéine » dans un système d'éléments ne vient pas modifier les caractéristiques physico-chimiques des nucléotides. Tel est bien le cas, si nous acceptons le fameux « dogme central » de la biologie moléculaire.

Cette vision de la notion de gène pose un double problème immédiat. Nous voudrions indiquer rapidement que si nous la rejetons, nous rejetons en même temps l'épistémologie de la survenance qui en est solidaire. Et c'est bien ce que nous allons faire dans cet essai. Le concept de survenance nous semble être une mauvaise réponse à une bonne question. La survenance n'est pour nous qu'une entité logique qui n'a ni une réalité physique, ni une réalité biologique. Nous doutons aussi qu'elle puisse avoir une réalité psychologique.

3) Supposons en effet un moment que les gènes soient des éléments physiques qui contiennent en même temps la description complète d'un système physico-biologique. Que faut-il entendre par description complète? Ces démons logiques contiennent-ils également la description d'eux-mêmes? Si nous le supposons nous entrons immédiatement dans une série de difficultés bien connues des logiciens. Pour qu'un gène puisse agir en effet, il faut des protéines. Le gène, en tant que séquence d'ADN ne fait rien tout seul. Les chimistes savent bien qu'il n'y a pas plus passif et inerte que la molécule d'ADN. *Un gène ne code donc pour la synthèse de protéines que par des protéines.*

Nous verrons dans la suite de l'exposé que l'entité « gène » est aujourd'hui partiellement distribuée à l'ADN, mais également à certains groupements chimiques que l'on nomme

« épigènes », comme le méthyle (CH3). Il faut donc à présent que les gènes codent pour la synthèse de protéines avec l'aide des épigènes *qui dépendent eux-mêmes en retour de l'action des gènes*. Au lieu de sortir des cercles vicieux, nous nous y enfonçons encore plus profondément au contraire.

Il est évident par ailleurs que l'activité régulatrice des protéines sur l'ADN peut induire des modifications très importantes à l'intérieur de celui-ci, au moins au niveau somatique. Il n'est donc pas vrai que ce qui résulte de l'activité biologique des gènes n'induit pas de modifications sur le substrat physico-chimique caractérisant l'ADN. Les translocations, les transferts de gènes d'une position à une autre à l'intérieur du génome, induisent des modifications génétiques qui peuvent être régulées par l'activité de certaines protéines. Nous y reviendrons.

Mais une seconde série de difficultés s'ajoute à la première. *D'où viendraient ces mystérieuses propriétés logiques des gènes ?* Je me souviens de ce passage de Hume où le philosophe demande à son lecteur : vous me parlez de la volonté humaine comme si vous en aviez une idée claire. Cela vous semble normal en effet de lever votre bras et de défier ainsi la loi de la gravité. Mais quelle tête feriez-vous si par une simple décision mentale vous pouviez soulever une montagne et la reposer sur son socle ? D'où vient, je le demande, cet incroyable pouvoir qu'auraient certains éléments du tout de pouvoir fournir la description du tout lui-même et d'effectuer en plus ensuite ce qu'ils décrivent ? Il est vrai qu'un programme d'ordinateur peut permettre à une machine d'accomplir une tâche logique. Il est vrai que le programme de la machine n'est pas toute la machine et qu'il contient la description de toutes les tâches que la machine peut accomplir. Mais tout d'abord ces tâches ne sont que symboliques. L'ordinateur n'est qu'un automate calculateur. Il ne fait rien que calculer. Ensuite le programme de l'ordinateur *est conçu par un programmeur.* C'est lui qui met dans la machine la structure logique qui rend possible le fait qu'elle remplisse des fonctions symboliques. *Mais où est le programmeur de nos gènes ?* Serait-ce la sélection naturelle, comme le dit Dennett qui conçoit celle-ci comme un algorithme[1] ? *Fort bien, où est alors le programmeur de la sélection naturelle ?* L'hypothèse de la survenance des propriétés logiques est paresseuse. Elle dote les systèmes biologiques de mystérieuses capacités dont il nous est interdit de chercher à découvrir *comment* elles peuvent survenir. C'est décidément un bien mol oreiller épistémologique qui risque d'endormir la recherche scientifique.

Enfin l'idée que les gènes sont des entités survenantes supposent que nous savons parfaitement décrire le niveau subvenant. Je pense que cette idée est une pure illusion. Je m'en expliquerai plus en détail dans la suite. Je vais rejeter dans cet essai les thèses de la complétude et de la clôture causale du niveau physico-chimique. Arrêtons-nous un moment ici. Devons-nous jeter au panier la notion de gène, avec celle de survenance ? Il est trop tôt pour répondre encore de manière définitive. Mais risquons une amorce de réponse : ce serait une grave erreur. Les gènes ne sont pas des fictions. Il faut simplement mieux comprendre exactement comment ils agissent d'une part, et ce qui fait qu'ils ont pu apparaître d'autre part. Ce second point exige une réflexion sur les origines de la vie.

LA VIE ET L'HYPOTHÈSE DE SÉLECTION NATURELLE

Nous allons commencer ici *à nous demander ce que font les gènes.* Nous allons le faire pour le moment dans le contexte

1. D. Dennett, *Darwin's Dangerous Idea*, New York, Touchstone, 1996.

de la biologie de l'évolution. L'espace est trop court pour revenir ici à l'hypothèse de sélection naturelle dans le contexte historique de la pensée de Darwin. Notre réflexion partira plutôt de la tentative pour donner à cette hypothèse un tour expérimental et formel en génétique des populations. Cette hypothèse prend véritablement de l'importance avec les travaux de Ronald Fisher dans les années 1930[1]. Nous allons revenir d'abord à ce contexte historique avant de voir comment elle se développe aujourd'hui. Cela nous servira de base pour comprendre quel sens il faut donner au *concept-image* de « *sélection naturelle* », mais aussi pour nous interroger sur *la valeur des modèles* et des outils des probabilités et des statistiques en biologie de l'évolution. Nous laisserons volontairement de côté toute une série de modèles importants.

Personne ne conteste plus aujourd'hui le bien fondé de l'hypothèse de sélection naturelle. Reste à s'accorder sur le sens précis de cette expression et sur l'importance qu'elle a réellement pour la compréhension des mécanismes de l'évolution du vivant.

Nous montrerons d'abord que ce que l'on nomme parfois « l'idée la plus dangereuse de Darwin » n'est pas simplement l'hypothèse selon laquelle le milieu naturel sélectionne les variations héréditaires qui sont à l'avantage de l'organisme qui les porte, au sens où elles lui permettent de mieux se reproduire et/ou de vivre plus longtemps. Le point central est plutôt que la sélection est aveugle. *Elle ne sait pas ce qu'elle fait.* Ce n'est pas simplement que la sélection est une sorte de mécanisme sans intention. C'est aussi parce qu'il *n'existe aucun mécanicien susceptible de dire à l'avance quels peuvent être les effets*

1. R. Fisher, *The Genetical Theory of Natural Selection*, Oxford, Clarendon Press, 1930.

produits par ce mécanisme. Il faudra tenter de comprendre pourquoi et vers quel problème épistémologique majeur nous entraîne cette constatation.

Nous montrerons ensuite que la manière de faire entrer l'hypothèse de sélection naturelle dans les modèles a beaucoup changé, depuis les tentatives de maximisation de la fonction « valeur adaptative » avec l'aide du calcul statistique. Nous sommes entraînés à présent vers d'autres rivages. On étudie le comportement de réseaux d'automates connectés les uns aux autres et qui s'allument ou qui s'éteignent en vertu des lois logiques internes qui les définissent et en vertu des entrées qu'ils reçoivent de par leurs connexions avec les autres automates. On peut donner une valeur adaptative à ces automates en vertu de laquelle ils ont une chance plus ou moins grande de s'allumer. On étudie alors le comportement du réseau. Son évolution n'est plus simplement définie à partir de l'hypothèse de sélection naturelle. Celle-ci n'est qu'une loi dont on se sert *initialement* pour définir le comportement des automates dans le réseau. Il ne faut pas la confondre avec *les propriétés génériques* qui émergent lorsque ce réseau est *mis en fonctionnement*. Nous allons expliquer et définir tous ces mots par la suite.

Du théorème fondamental de sélection naturelle aux paysages adaptatifs

L'espoir de Ronald Fisher était de modéliser la sélection naturelle en maximisant la valeur adaptative moyenne (*fitness*) d'une population de gènes. Je voudrais retenir rapidement les principales leçons des impasses de la position de Fisher. Le statisticien anglais, fervent partisan de l'eugénisme s'appuie d'abord sur la génétique formelle et les lois de Mendel, puis sur l'équilibre statistique de Hardy-Weinberg. Cet équilibre repose sur l'hypothèse de « panmixie » (c'est-à-dire que le modèle ne vaut que pour une population infinie de gènes qui se recombinent selon les lois du hasard). Il permet de définir ce que l'on nomme la structure génotypique d'une population, l'équivalent du principe d'inertie en génétique des populations. Un « pool génique » (une population de gènes) a une masse constante, tant que sa valeur adaptative moyenne ne change pas d'une génération à une autre. Par les lois de Mendel, nous savons que, pour deux allèles d'un même gène (a, A), la répartition des probabilités de trouver (aa, AA, ou aA) correspondant au croisement à la deuxième génération des génotypes hybrides (aA) obtenus à partir de génotypes purs (aa, AA) obéit à la forme mathématique très simple : $(a+A)^2$.

C'est la même loi qui dicte la fréquence de chaque génotype d'une population infinie de gènes constituée de ces deux allèles[1] à condition que les croisements entre les organismes qui les portent s'effectuent au hasard. Même si des accidents locaux peuvent survenir (et ils sont eux-mêmes quantifiables par des calculs de « variances », d'écart-types par rapport à la moyenne), plus le nombre des gènes grandit et plus la structure génotypique globale reste invariante en « moyenne ». La même diversité génique est donc conservée indéfiniment.

Certaines forces agissent néanmoins sur cette masse, comme le taux de mutation ou la valeur adaptative de chaque forme d'un gène ou « allèle ». Celle qui définit l'action de la sélection correspond à la manière dont les conditions extérieures agissent sur la fréquence génique. Si nous prenons deux allèles d'un gène pour un organisme diploïde (les chromosomes vont par paire) se reproduisant par meïose (reproduction sexuelle), nous pouvons supposer que l'un d'entre eux code pour un caractère sauvage et l'autre pour un caractère

1. Variante d'un gêne.

muté[1]. Nous pouvons accepter alors que « l'action du gène » ait des conséquences sur *la survie* et la *puissance de reproduction* des organismes, conséquences que l'on peut observer au niveau des caractères exprimés par les gènes (phénotypes). Tels sont les deux paramètres qui définissent donc la fonction de « *fitness* » (valeur adaptative.)

Il devient possible de modéliser l'augmentation ou la diminution de la fréquence de l'un des allèles d'un gène par rapport à l'autre[2].
1) $dx_i/dt = x_i\,(a_i - \bar{a})$
Précisons que la grandeur $(a_i - \bar{a})$ représente ce que Fisher nomme l'excès moyen (*average excess*) qui mesure la différence entre la valeur moyenne de tous les génotypes exprimés et celle de l'allèle a_i. La grandeur (x_i) représente la fréquence et la notation (dx_i/dt) exprime en grandeur continue comment cette fréquence varie par rapport au temps. La valeur moyenne en « fitness » de tous les génotypes exprimés est mesurée en multipliant toutes les fréquences (que l'on additionne) par toutes les valeurs. L'excès moyen introduit ainsi une variance, un écart-type par rapport à la moyenne, que l'on nomme la variance additive (Vg) :
2) $Vg = 2\Sigma\, x_i\,(a_i - \bar{a})^2$
Nous voyons que la maximisation d'une fonction $f(\bar{a})$ caractérisant la valeur adaptative moyenne d'une population de gènes sera obtenue si :
3) $d\bar{a} = O$

Chercher alors comment la valeur *adaptative* moyenne d'une population de gènes tend vers l'équilibre par rapport au temps, c'est chercher une situation optimale à l'intérieur de

1. Voir *infra*, chap. 2, p. 16, note 2.

2. M. Kimura, « On the Change of Population Fitness, by Natural Selection », *Heredity*, 12, 1958, p. 145-167.

laquelle *il n'y a plus de variance additive*, car l'excès moyen devient nul, dans la mesure où l'un des allèles a complètement fait disparaître l'autre. Telle est la condition fondamentale d'amélioration d'une espèce ou de la variété d'une espèce. Pour que cette condition puisse être formellement énoncée, nous sommes obligés de supposer que la valeur adaptative des gènes peut s'additionner et se soustraire, de telle sorte que la valeur adaptative des individus constituant un groupe puisse être assimilée à la valeur adaptative du groupe lui-même. Nous devons admettre également que l'hérédité est entièrement définie comme étant une hérédité mendélienne caractérisée par une fonction de répartition binomiale de type $(a+A)^2$.

Même si les outils statistiques sont les mêmes, nous nous éloignons alors de la physique et de la mécanique statistique de Boltzmann et Gibbs. Il y a, selon Fisher (1934), une nouvelle forme causale créatrice à l'œuvre dans l'évolution du vivant qui ne peut s'expliquer par la simple relation entre le passé et le présent. Il y a des mutations héréditaires qui surviennent et qui expliquent qu'un gène change de forme. Il y a aussi une « force directrice » qui agit sur elles. Par elle, la valeur adaptative moyenne d'un pool génique ne peut qu'augmenter jusqu'au point d'équilibre final où elle reste constante. On voit donc que le système *ne parcourt plus l'ensemble de ses configurations possibles*. Les formes alléliques ne sont plus équiprobables, comme les positions et les vitesses des particules peuvent l'être en mécanique statistique. *Les mauvais allèles ont disparu.* Fisher y voit une des propriétés essentielles du vivant :

> Pour finir, le changement entropique conduit à une progressive désorganisation dans le monde physique… alors que le changement évolutionniste est généralement reconnu comme

produisant une organisation plus élevée, dans le monde organique[1].

Il y a des freins, bien entendu, aux effets de cette variance additive et le théorème de Fisher, sous sa forme complète, tente de les exprimer. Ils sont dus aux mutations, aux interactions alléliques et épistatiques (entre gènes), et aux effets d'échantillonnage. Mais, pour le généticien anglais, ceux-ci n'augmentent pas la valeur adaptative moyenne d'une population de gènes, ils la *détériorent* au contraire. Notons enfin que Fisher pense pouvoir passer d'un modèle à deux allèles à un modèle multi-allèles ($x_1, x_2, x_3, \ldots, x_n$) que le grand généticien japonais M. Kimura rend explicite[2]. Si nous nous reportons à ce modèle, nous voyons que la maximisation de la valeur adaptative moyenne ne pcut être obtenue que :

> Si de nouvelles mutations ne se présentent pas et que tous les caractères susceptibles de modifier la valeur adaptative sont connus et répertoriés.
> Si nous acceptons que la sélection agit sur les organismes, mais que c'est au niveau des gènes qu'est déterminé la présence d'un caractère ou d'un autre au sein de l'organisme.
> Si nous disposons de gènes idéaux qui n'interagissent pas plus que des billes.

Nous avons ainsi la conclusion standard de ce que Mayr nommait « la génétique sac de haricots ».

Bien entendu l'équilibre adaptatif idéal est une fiction, puisqu'il y a sans cesse de nouvelles mutations (le plus souvent nocives ou létales) et des interactions de toutes sortes dans la réalité. Il faut inclure au reste parmi elles les modifications de l'environnement. Le théorème fondamental de Fisher prétend

1. R. Fisher, *The Genetical Theory of Natural Selection*, *op. cit.*
2. M. Kimura, art. cit.

donc définir *une seconde forme d'équilibre* incluant toutes ces forces négatives. Celui-ci ne définit plus comment la valeur adaptative moyenne d'une population s'améliore, mais comment elle est stabilisée.

Nous voyons l'incroyable postulat sur lequel repose tout cet édifice : en aucun cas les interactions géniques ou alléliques, les effets d'échantillonnage ne peuvent venir modifier positivement la valeur adaptative moyenne d'une population de gènes. Aucune combinaison épistatique n'est susceptible de jouer un rôle constructif, ce serait entrer en contradiction avec l'idée que la mesure de la *fitness* est additive et qu'elle est définie au niveau des gènes. Même les mutations deviennent un problème dans ce modèle qui n'est plus qu'un modèle d'amélioration des variétés à destination des éleveurs : « *natural selection is not evolution* ». On peut s'inquiéter, au reste, de l'usage que les éleveurs ont pu en faire. Rappelons tout de même que les vulgarisateurs des vues de Fisher considéraient que la médecine avait une influence néfaste sur l'espèce humaine.

Il existe certes d'autres modèles que Fisher a lui-même constitués et qui placent la valeur adaptative au niveau du génotype ou au niveau du groupe. Mais ils n'entrent dans le cadre formel du théorème de sélection naturelle que *comme des freins*. Pourquoi en est-il ainsi ?

La controverse entre Fisher et un autre grand généticien de son époque, Sewall Wright, en dit long à ce sujet. Dès que l'on inclut le fractionnement d'une population en dèmes et « la pléiotropie ou l'épistasie universelles », c'est-à-dire les interactions entre gènes et le fait que les mêmes gènes codent pour des caractères phénotypiques distincts, il devient impossible de faire de la valeur adaptative une grandeur additive. Il devient inimaginable d'obtenir des prévisions globales chiffrables et nous en sommes réduits à des *scenarii* évolutifs exprimés de manière semi-qualitative.

C'est dans cet esprit que, dès 1932, Sewall Wright conçoit ses paysages adaptatifs (*adaptative landscapes*)[1]. La génétique des populations se mue alors en une sorte de géographie descriptive qui ne permet que localement et ponctuellement de produire des prévisions. La valeur adaptative moyenne d'une population de gènes ne peut plus être calculée à partir de la valeur adaptative de chaque gène, mais dépend du paysage à l'intérieur duquel cette population évolue. En plus, les modifications de l'environnement font que ce paysage est lui-même changeant. Imaginez un espace géométrique à l'intérieur duquel on trace une courbe. On peut définir les points maximum et minimum sur cette courbe, pourvu que l'espace reste le même. Mais supposez à présent, qu'au lieu d'être un cadre géométrique parfait, cet espace soit plein de bosses et de creux. Considérez qu'au fur et à mesure que la fonction est tracée, les bosses et les creux changent de forme. Vous commencez alors à avoir une idée de ce que Wright suggère, quant il tente de modéliser le processus évolutif, d'une manière forcément incomplète et partielle.

Wright imagine une situation extrêmement intéressante au sein de laquelle une population se fractionne en « dèmes »[2] de tailles convenables. Il y a plusieurs raisons possibles à cela. La principale est sans doute la distance géographique. Il est difficile pour un mérou d'Afrique de se reproduire avec un mérou d'Asie. Dans chaque sous-unité, il n'existe donc qu'un échantillon de combinaisons géniques. Par ailleurs ces populations

1. S. Wright, « The Roles of Mutation, Inbreeding, Crossbreeding, and Selection in Evolution », dans D.F. Jones (ed.) *Proceedings of the Sixth International Congress of Genetics*, Menasha, 1932, p. 356-366.

2. Petites populations.

trop petites ne se recombinent plus selon les lois du hasard. Il y a un effet d'échantillonnage, un peu comme lorsqu'on ne lance que cinq fois le même dé et qu'il tombe cinq fois sur six.

Sous l'effet de la dérive aléatoire, les dèmes atteignent deux ou plusieurs sommets adaptatifs, marqués non pas seulement par la préservation des bons gènes, mais *des bonnes interactions* de toutes sortes. On peut penser par exemple aux rhinocéros blanc ou noir, ou aux éléphants d'Afrique et d'Asie. La population évolue ensuite progressivement en passant du sommet le plus bas vers le sommet le plus haut, mais sans cesser de rester fractionnée. L'effet d'échantillonnage seul explique qu'elle va opter pour l'optimum adaptatif « éléphant d'Afrique » ou l'optimum « éléphant d'Asie ». Quand un optimum est atteint, certaines formes géniques ou alléliques tendent à disparaître ou ne sont plus exprimées dans une population. Mais il existe d'autres forces à prendre en compte. L'effet d'échantillonnage peut expliquer que certaines combinaisons de gènes ne disparaissent pas complètement, un peu comme si dix personnes lançaient en même temps six fois un dé. On peut supposer que l'une d'entre elles soit chanceuse et tombe six fois sur six.

Le taux de mutation peut permettre de comprendre comment des organismes porteurs de combinaisons de gènes qui les écartent d'un maximum adaptatif peuvent permettre à leurs descendants de tendre vers un autre maximum, par recombinaison lors de la reproduction sexuelle dans un autre groupe de population où d'autres gènes sont plus fréquemment présents. Si nous supposons en plus qu'il y a plusieurs groupes distincts, il y a aussi forcément un taux de migration plus ou moins fort entre chacun d'entre eux. Même en admettant que l'un d'entre eux atteigne un sommet adaptatif fort, il va fabriquer plus de descendants que les autres, ce qui va induire un taux de migration plus élevé.

Il faut comprendre ici qu'il y a une modification profonde du concept de « structure de population » qui n'est plus défini simplement par la fréquence des gènes, mais par leurs interactions entre eux et avec le milieu. Wright développe alors *une « théorie de l'équilibre fluctuant »* qui suppose que le meilleur moyen de passer d'un maximum adaptatif à un autre est l'existence de plusieurs unités ouvertes de petites populations qui subsistent autour d'un point d'équilibre adaptatif. C'est le *réseau* de ces petites structures ouvertes qui passe alors d'un maximum à un autre. Il faut comprendre ainsi que l'évolution par sélection naturelle est autre chose que l'accès au sommet adaptatif le plus élevé. C'est plutôt *la propriété de passer d'un sommet à un autre* qui est maximisée. On retrouve ainsi une vieille intuition de Darwin : ce que la sélection fait, c'est installer le maximum de diversité de vie, plutôt que de préserver les bons allèles.

Cette idée n'entre pas en contradiction avec les nouveaux modèles qui se sont développés depuis Wright, notamment la fréquence-dépendance et la sélection de groupe. Ce sont des hypothèses intuitivement simples.

La *fréquence-dépendance* est l'idée que si une population de papillons apparaît qui imite les formes d'un papillon sauvage répandant une odeur pestilentielle dissuadant ses prédateurs, elle va avoir un avantage sélectif qui dépend de la taille de cette population. Plus les papillons qui ont une forme imitant la forme sauvage sont répandus et moins cela constitue pour eux un avantage sélectif important.

La *sélection de groupe* ne coïncide pas avec la fréquence-dépendance, même si ces deux forces évolutives se croisent. Supposons par exemple que nous ayons deux groupes de populations humaines : le premier produit 100 descendants mâles (A), le second 15 mâles et 15 femelles (B). Du point de vue de la sélection darwinienne, la valeur adaptative moyenne de A est plus élevée. Mais il n'y aura pas de troisième génération possible en (A) puisque les mâles ne peuvent pas se reproduire entre eux. Le *groupe* (B) a donc une valeur sélective plus élevée, si nous mesurons celle-ci sur trois générations, même si la première laisse moins de descendants en (B) qu'en (A). Nous pouvons donc supposer, sans sortir du cadre de la théorie de Wright que les dèmes eux-mêmes sont sélectionnés et entrent en compétition les uns avec les autres. Ici par exemple (A) va sortir vaincu de la compétition avec (B). Mais la sélection de groupe n'est pour Wright qu'un outil supplémentaire qui ne permet pas d'appréhender complètement la complexité du processus évolutif. Le point d'ancrage fondamental est plutôt l'idée que les dèmes forment un réseau, et qu'ils ont la propriété de passer d'un sommet à un autre. Peu importe pourquoi ils atteignent un type ou une forme de sommet adaptatif. Ce qu'il faut comprendre est : pourquoi évoluent-ils ?

Nous arrivons maintenant au point fondamental. Je pense qu'il y a une bonne et une mauvaise manière de comprendre l'hypothèse de sélection naturelle. Supposons que la sélection soit, comme le propose Daniell Dennett, un « méta-engin ». Expliquons cette notion.

La grue, par exemple est un méta-engin. Elle sert à porter du matériel pour construire des maisons. On pourrait dire de même que la sélection est un méta-engin qui sert à monter des machines de plus en plus compliquées, de plus en plus perfectionnées. Nous pouvons supposer alors que mieux nous connaissons les mécanismes intrinsèques de ce méta-engin et mieux nous allons pouvoir prévoir quel type de machine il va fabriquer. *Mieux sa fonction serait ainsi expliquée par sa structure et plus nous pourrions savoir à l'avance comment il va remplir sa fonction.* Nous pourrions imaginer ainsi que la sélection est un engin qui sert à fabriquer un « *sexe ratio* » équilibré de mâles et de femelles dans une population par le *mécanisme* de la sélection de groupe. Il faudrait retrouver alors le formalisme qui est à l'œuvre dans ce mécanisme et qui semble permettre de prévoir comment une certaine force agit sur des groupes de gènes en modifiant sa composition.

Plusieurs mécanismes de ce genre ont été mis en valeur en génétique des populations. On pourrait même penser alors qu'à la source de ce mécanisme il y aurait quelque chose comme une loi d'évolution. C'est bien l'idée d'Eliott Sober[1]. Eliott Sober fait une distinction intéressante entre ce qu'il appelle une loi-source et une loi-conséquence. Si j'écris en mécanique que la force d'attraction est proportionnelle au produit de la masse de deux corps et inversement proportionnelle à leur distance, c'est une loi-source. Elle me dit *ce qui fait naître la force d'attraction*. C'est la distance entre deux corps. Si j'écris maintenant que cette force est égale au produit de la masse d'un corps et de l'accélération qu'il subit, j'ai une loi-conséquence qui me dit comment l'attraction *produit de l'accélération, d'une manière continue au cours du temps*.

Le mécanisme de sélection naturelle n'obéit-il pas ainsi à des lois fondamentales, des lois-sources qui nous permettraient d'expliquer ce *qui fait* que la valeur adaptative moyenne d'une population de gènes est modifiée ? On pourrait tirer alors – pourquoi pas ? – *de cette explication* des lumières sur *la manière* dont ces modifications s'opèrent dans le temps et donc des *prévisions*. Certes l'explication en génétique des populations a fait des progrès. On sort progressivement des modèles de maximisation de la fréquence génique du type de ceux qui étaient proposés par Fisher. *Mais le divorce entre explication et prévision est largement maintenu* au niveau de

1. E. Sober, *The Nature of Selection: Evolutionary Theory in Philosophical Focus*, Cambridge, Mass., MIT Press, 1984.

ce qui pourrait être, ou prétendre être *une théorie générale de l'évolution fondée sur l'hypothèse de sélection naturelle*. D'où vient donc ce divorce ? Telle est la question que nous posons. En effet, une théorie scientifique qui ne permet pas d'obtenir des prévisions fiables est forcément sujette à controverse.

On pourrait certes répondre que cette théorie est en cours d'édification et qu'il nous manque encore des éléments importants pour l'élaborer. Nous préférons mettre l'accent sur un autre point et dire que les *phénomènes évolutifs sont complexes*. C'est la première fois que nous emploierons ce concept ici. Il faut que nous nous fassions bien comprendre. Nous n'entendons pas par « complexe » l'idée que les phénomènes évolutifs sont constitués de multiples paramètres et définis par de multiples contraintes non encore correctement mises à jour. Le « complexe » ainsi défini ne serait qu'une mesure de notre ignorance actuelle des mécanismes de l'évolution. Nous pensons au contraire que les phénomènes évolutifs sont *intrinsèquement* complexes, pour une raison que nous allons essayer de préciser. Pour l'introduire, nous resterons encore un moment focalisés sur l'hypothèse de sélection naturelle. Qu'est-ce en effet que cette complexité intrinsèque ? *Il y a un divorce entre sélection et adaptation*.

Nous pouvons démonter notre méta-engin, désosser l'outil sélectif, observer ses mécanismes, élucider sa structure, comme nous pourrions démonter les éléments logiques qui servent à implémenter des instructions – un programme – dans un ordinateur. Mais la mise à jour des mécanismes *ne nous dit pourtant pas directement ce que l'outil va faire*. Voilà la différence fondamentale qu'E. Sober ne perçoit pas entre la sélection naturelle et l'attraction universelle de Newton. Et pourtant cette différence était clairement présente à l'esprit de Darwin. Il voyait la sélection naturelle comme une « *puissance qui agit* » et non pas simplement comme une « hypothèse » ou une

« loi d'évolution ». Ces termes sont très importants pour nous. Ce que le naturaliste anglais voulait dire en effet *est que l'on ne peut constater que rétrospectivement les effets de cette puissance*. C'est la raison pour laquelle elle n'était pas comme une horloge conçue par un grand horloger. La sélection est plutôt comme « *un architecte qui dispose de pierres mal taillées* » et qui se débrouille pour fabriquer quand même un bel édifice. *Nul ne peut prévoir à l'avance ce que cette puissance va faire*. Il y a une dimension d'imprévisibilité fondamentale qui résulte de ce divorce entre le mécanisme de sélection naturelle et les formes adaptatives qu'il peut servir à ériger. Pourtant Darwin parlait bien en même temps « du maximum de diversité » compatible avec la plus grande somme de vie. Il faut donc comprendre en quoi consiste ce divorce : il y a bien un mécanisme dans l'esprit de Darwin. Nous ne baignons pas dans l'irrationnel. Mais la description du mécanisme, voire son explication, ne permet en rien de prévoir ce que le fonctionnement de ce mécanisme va produire. D'où vient cette étrange énigme ? Si nous sommes attentifs à l'explication que Darwin en fournit, nous constatons, que la relation entre la variabilité génétique et l'action des conditions extérieures sur elle est « *une relation accidentelle* »[1]. Ce terme est très important. Le naturaliste l'emploie peu souvent. Notez bien que ce qui est accidentel dans cette phrase, ce ne sont pas *les variations héréditaires elles-mêmes, c'est la relation entre elles et le milieu*. Voilà pourquoi donc, selon nous, la description de l'hypothèse de sélection naturelle n'est en rien en même temps la description de ce que fait la sélection. *La sélection naturelle est une contrainte externe qui s'ajoute à*

1. Ch. Darwin, *The Variation of Animals and Plants under Domestication*, J. Murray, London, 1868, 2 vol.

l'ensemble des conditions qui définissent de manière interne un système. Cela suppose évidemment que la description de ce système à partir de ses conditions internes n'est jamais complète. Nous allons voir pour nous qu'il s'agit là d'un des points importants dans toute tentative de réponse à la question : qu'est-ce que la vie ? Nous dirions volontiers que les phénomènes organiques sont *hétéro-organisés*[1].

Une deuxième distinction fondamentale est la suivante. Nous avançons l'hypothèse que notre méta-engin est plutôt un réseau complexe de méta-engins avec deux conséquences fondamentales. La première est que les propriétés de ce réseau ne sont pas celles de chacun de ses éléments. La seconde est que la force qui agit sur la valeur adaptative des gènes ne dépend pas que de la sélection naturelle, mais des propriétés intrinsèques de ce réseau. Nous dirons alors que les phénomènes organiques sont également *auto-organisés*. Nous allons nous expliquer maintenant d'une manière plus précise.

Les NK modèles de Stuart Kauffman

À bien des égards, le travail de modélisation du grand spécialiste de biologie théorique Stuart Kauffman s'inscrit dans la lignée de celui de Sewall Wright. Le théoricien américain tente de modéliser la différenciation cellulaire avec les réseaux d'automates booléens semi-aléatoires.

Un réseau de N automates est un système formé par plusieurs automates interconnectés entre eux selon une structure d'interaction spécifique. Un tel réseau est dit fermé si aucune entrée et aucune sortie ne communiquent avec l'extérieur. À l'instant t, l'état du réseau est donné par la liste des

1. L'idée d'utiliser ce terme m'est venue dans des conversations privées avec J.-J. Kupiec. C'est lui qui en est l'inventeur.

états de l'ensemble des automates qui le composent. Les propriétés de ce réseau sont entièrement définies par trois types de données :

– la première est le mode d'itération, que l'on peut aussi appeler loi d'évolution. Dans un processus d'itération parallèle, touts les éléments du réseau changent d'état d'une manière simultanée en fonction des états de l'étape précédente. Au contraire dans un processus séquentiel, un seul automate change d'état à chaque étape.

– la seconde est le type et le nombre de connexions, qui est défini par un paramètre de connectivité K. Par exemple, s'il y a deux entrées et deux sorties pour chaque automate, le paramètre K vaut 2.

– le troisième est la fonction de changement d'état, qui dans le cas des automates booléens dont nous allons parler, correspond à un opérateur logique entièrement défini par les tables de vérité qui donnent l'état des sorties en fonction de l'état des entrées (symbolisés par le fait que le courant électrique passe (1) ou qu'il ne passe pas (0)).

K = 2	Fonction logique ET				Fonction logique OU			
Entrées	0,0	0,1	1,0	1,1	0,0	0,1	1,0	1,1
Sorties	0	0	0	1	0	1	1	1

D'après Gérard Weisbuch[1]

Mais les modèles NK permettent également, selon Kauffman, de modéliser l'adaptation et l'évolution. Supposons en effet que le nombre N des éléments de ce réseau

1. G. Weisbuch, *Dynamique des systèmes complexes : une introduction aux réseaux d'automates*, Paris, InterÉditions/CNRS, 1989.

corresponde à tous les génotypes possibles d'une population de gènes. Chaque gène a deux allèles (0,1). Nous pouvons ainsi constituer ce qu'on appelle un hypercube.

Si nous supposons qu'il y a trois gènes et deux allèles, les sommets de ce cube sont les 8 génotypes possibles (2^3) symbolisés (000, 001, etc.) Il faut assigner ensuite de manière aléatoire une *certaine valeur adaptative* (entre 0 et 1) à chacun de ces génotypes. Les entrées et les sorties de ces éléments ne sont plus simplement déterminées par la fonction de changement d'état qui, dans le cas des automates booléens, correspond à un opérateur logique entièrement défini par les tables de vérité (comme la disjonction, la conjonction, etc.). Elles sont définies à présent par une nouvelle règle : soit le génotype de départ (0,0, 0) qui définit l'état d'un réseau de quatre gènes, il est connecté à trois autres génotypes (0,0, 1), (0,1, 0), (1,0, 0) qui diffèrent du quatrième par une simple mutation dans l'espace quadri-dimensionnel de tous les génotypes possibles représenté sous la forme de notre hypercube. *Si l'un des quatre a une valeur adaptative plus élevée*, il constitue un sommet adaptatif local (*local peak*). Il existe aussi un sommet adaptatif global (*global peak*) qui représente le sommet génotypique le plus élevé de tout le paysage adaptatif.

Supposons que la contribution adaptative de chaque gène à un génotype donné dépende de ses allèles, mais également de ceux des K autres gènes avec lesquels il est connecté. Nous pouvons calculer, alors, un optimum global pour chaque génome qui tient compte de ces effets d'interactions et qui est défini par une valeur adaptative moyenne [1].

Nous pouvons modéliser ainsi des NK réseaux adaptatifs. Si K = 0, comme dans la vision néo-darwinienne classique

1. ($W = 1/N \Sigma^{N}_{i=1} Wi$).

présentée par Fisher, la probabilité qu'une population de gènes trouve le pic le plus élevé est de $1/2^N/(N+1)$. Pour N = 100, elle est de $1/10^{28}$. Le système doit donc parcourir l'espace entier de ses possibilités et il se comporte de manière ergodique. Mais il existe un sommet adaptatif unique que le système finira par atteindre.

Si K = N-1, chaque gène influence la valeur adaptative des autres. Nous retrouvons les propriétés semi-chaotiques des réseaux booléens quand le paramètre de connectivité devient trop grand. Le nombre de pics adaptatifs locaux augmente selon une loi en $2^N/(N+1)$. Pour N = 100, il y a 10^{28} sommets adaptatifs distincts. Le système erre donc d'un sommet à un autre sans trouver d'état attracteur fixe.

Mais dans un état intermédiaire, comme lorsque K = 2, la population n'explore plus l'espace entier de ses possibilités et pourtant elle ne tend pas non plus vers un attracteur fixe. Si nous symbolisons l'attracteur comme l'émergence d'une nouvelle contrainte, nous pouvons définir ainsi à partir de certaines contraintes comment surgissent de nouvelles contraintes. Mais nous pouvons peut-être aussi définir à partir de certaines contraintes, comme le système passe de certaines contraintes à certaines autres, ce qui est bien l'embryon d'un concept d'évolution, au sens où *dans un certain paysage adaptatif*, une population passe d'un pic adaptatif à un autre sans tendre vers un attracteur fixe, mais de telle sorte que son errance reste confinée dans l'espace des pics adaptatifs les plus élevés.

Il est possible ensuite de compliquer le jeu en examinant comment la mouche et la grenouille évoluent ensemble. Nous avons alors un lot de 2N gènes définis chacun par 2K interactions et nous pouvons observer comment ces deux groupes, puis ces X groupes évoluent les uns par rapport aux autres. On s'aperçoit notamment que la multiplication des extinctions dépend du coefficient de corrélation et non de la valeur adaptative. Ces résultats semblent corroborés par les données de D. Raup (1991) qui montrent que la distribution des extinctions d'espèces dans le temps et dans l'espace n'est pas linéaire.

Que reste-t-il du projet darwinien de maximisation de la plus grande somme de vie par l'application du principe de divergence des caractères ? Il est impossible, selon nous, de traduire le modèle NK dans les termes de la théorie de Fisher et même plus généralement des modèles statistiques à l'œuvre en génétique des populations. Il use d'un autre langage et a une autre signification. Le contexte de la signification, ce que Quine (1969, II) nommait « l'arrière plan » (*background*), n'est plus le même. La raison en est simple : les nouvelles contraintes *génériques* qui émergent dans les NK réseaux à partir des contraintes initiales sont des résultats du calcul qui n'apparaissent *qu'une fois que* le réseau s'est constitué. Ce sont des propriétés émergentes qui dépendent de l'histoire de celui-ci. Il n'y a pas d'observateur idéal du travail de ces méta-engins, il n'y a pas de main invisible pour qui les voies du calcul cessent d'être impénétrables, comme si celui-ci n'était qu'un développement de ce qui était initialement enveloppé dans l'esprit d'une intelligence supérieure. La main invisible est le résultat du fonctionnement du réseau, et non la loi qui existe dans l'entendement d'un observateur omniscient. Celui-ci ne symbolise plus que *l'activité* du réseau, et non celle d'un sujet transcendantal qui aurait conçu à l'avance toutes les lois de transformation de la machine de la vie. Il n'y a plus que des systèmes biologiques auto-organisés. Le mot « auto », témoin de cette main invisible, exprime le fait que les propriétés collectives d'un système ne sont *que l'effet de son historicité*.

L'usage de tels modèles comporte d'évidentes limites

Notons pourtant un premier point ici qui en fait tout l'intérêt à nos yeux : qui donne arbitrairement leur valeur adaptative aux automates ? Elles peuvent être données au hasard, ou par l'expérimentateur. Mais quoiqu'il en soit, le fait d'attribuer à chaque automate une valeur adaptative *perturbe de l'extérieur le fonctionnement du réseau.* Il est certain que cette manière de représenter la sélection naturelle affaiblit considérablement l'impact réel de ce mécanisme naturel. *Mais elle suppose déjà qu'une contrainte externe au réseau agit sur le réseau.* Le mot d'auto-organisation ne suffit pas à rendre compte de cet effet produit. *Nous l'appellerons un effet d'hétéro-organisation.*

Ensuite, nous voyons que les gènes ne disparaissent pas dans ce modèle. Ils sont comme les lois logiques gouvernant chaque automate. Nous voyons aussi que les lois logiques ne sont en rien assimilables aux propriétés génériques du réseau. Encore moins pourrait-on les assimiler à des contraintes venant perturber *de manière externe* ces propriétés génériques. Il reste évident que le réseau ne peut pas venir modifier la loi logique spécifiant chaque gène, ce qui nous montre encore une fois les limites de la métaphore. Même si ce système est réglé pour passer lentement d'un état attracteur à un autre, les lois logiques, et donc les gènes, sont spécifiés à l'avance. Enfin, ce modèle est irréaliste pour une raison supplémentaire : il suppose que des propriétés évolutives apparaissent si le nombre de connexion entre les automates est faible. Une telle conclusion ne coïncide pas avec les données expérimentales récentes de la protéomique[1].

1. Étude des protéines de la cellule.

Les origines de la vie

Mais demandons-nous à présent, ce qui fait que des organismes vivants disposent de gènes ? Le simple fait de se le demander change déjà considérablement l'angle d'approche des problèmes en biologie, et nous conduit, pour tenter de répondre à la question « qu'est-ce que la vie ? », à ouvrir à présent le débat sur « les origines de la vie ». Ce débat est très important pour nous. Si en effet la vie est un événement historique, il s'ensuit d'abord que la vie n'est plus en ensemble de propriétés exprimant l'essence des êtres vivants, ce qu'ils sont de toute éternité. Si la vie a un commencement et une histoire, c'est donc qu'il est possible d'expliquer *comment* ces propriétés surgissent. Telle est bien la question que nous allons poser. Elle ne va pas ouvrir simplement une réflexion sur *l'émergence* des gènes dans un système biologique. Ce n'est là que l'une des clés du problème. Voilà pourquoi la question « quelles sont les origines de la vie ? » ne se résume certes pas à la question « d'où viennent les gènes ? ».

Nous aurions pu, par exemple, mettre l'accent sur la capacité des êtres vivants à constituer un *métabolisme*. Les systèmes vivants ne sont pas fermés, mais ouverts. Ils échangent de l'énergie et de la matière avec le monde extérieur. Ils ne se comportent pas de la même manière qu'un gaz monoatomique enfermé dans une enceinte. La physique et la chimie des systèmes ouverts loin de l'équilibre thermodynamique a fait des progrès considérables depuis une cinquantaine d'années [1].

Revenons un moment à la thermodynamique macroscopique. Elle se développe aujourd'hui au-delà des cadres de la mécanique statistique en examinant les comportements des

1. I. Stengers, *Cosmopolitiques*, *op. cit.*

systèmes ouverts loin de l'équilibre. Commençons par un exemple très simple : le feu dégagé par un combustible en présence d'oxygène. Des atomes entrent et sortent continuellement dans un tel système. Mais il garde une forme constante, par exemple la flamme d'un bec Bunsen avec son centre bleu et des rayures jaunes. *Il n'y a pas de dissolution statistique de la forme.*

Considérons à présent le cas des convections de Rayleigh-Bénard. Plaçons un fluide dans une cellule chauffé par le bas et refroidi par le haut. En bas, le fluide chauffé est soumis à la poussée d'Archimède. En haut, la simple loi de la gravité le fait descendre. La différence de température est alors ce que l'on nomme *un paramètre de contrôle.* Elle peut provoquer *une rupture d'équilibre* entre l'action de la gravité d'un côté et la réaction sous forme de gradient de pression résultant de la conservation de la masse du liquide de l'autre côté. Au-delà d'une certaine valeur, des structures en rouleau régulières apparaissent. Cc sont les convections.

Prenons le cas, étudié pour la première fois par Alan Turing (1952), d'un système de réaction-diffusion. On fait entrer dans le réacteur un flux d'activateurs qui accélèrent leur propre production et d'inhibiteurs qui tendent à la freiner. L'activateur diffuse plus rapidement que l'inhibiteur. Une instabilité se forme en un point du système correspondant à un léger excès d'activation. Celle-ci tend à s'amplifier autour du point, pendant que de l'inhibiteur est produit davantage autour. Si l'on maintient un apport continu de réactifs, l'équilibre nouveau entre réaction chimique non linéaire et diffusion de l'activateur fait apparaître *des structures spatiales en bandes.* Non seulement le système est *loin de l'équilibre*, mais *il y a un apport continu de matière.* C'est bien *un système ouvert.*

C'est un modèle voisin, le Bruxellateur, qui a valu à Ilia Prigogine le Prix Nobel de chimie. Il y a dans ce modèle l'équivalent d'un activateur d'une structure un peu plus complexe, mais où le rapport entre des substances X et Y évolue vers un système d'oscillations continues, ce que l'on appelle un *état attracteur*. Notons également que l'une de ces substances active également sa propre production[1].

Nous voudrions faire ici deux remarques à ce stade. Tout d'abord ce que nous avons appelé un activateur n'est rien d'autre qu'un *processus auto-catalytique*. C'est ce qui fait la différence fondamentale entre un simple feu et une structure de Turing. Un tel système a donc besoin d'enzymes. Il n'est pas composé que d'atomes et d'énergie. Les enzymes activent ou inhibent des réactions chimiques. Elles sont comme des ciseaux et de la colle. Ensuite, nous pouvons comprendre, par ces processus auto-catalytiques, comment un phénomène se développe, et comment il fait émerger un nouvel équilibre, une nouvelle structure, ou encore comment pour certaines conditions initiales, et pour certaines valeurs de ses paramètres de contrôle, *il tend vers un cycle limite*, si l'on préfère utiliser un vocabulaire plus technique. Mais la vie n'est ni simplement croissance, ni non plus émergence de formes nouvelles. Nous voudrions insister sur ce point : *la reproduction n'est pas une simple croissance*. S'intéresser à la question des origines de la vie, c'est donc poser le problème suivant : *qu'est-ce qui donne à des systèmes physico-chimiques la capacité de se reproduire et la capacité d'évoluer ?* Le Bruxellateur ne sait pas évoluer. Pour certaines valeurs de ses paramètres, il tend toujours vers les mêmes cycles. Il ne passe pas d'un cycle à un autre.

Voilà pourquoi nous allons partir de la question de *l'origine des gènes* dans notre réflexion. Elle n'est pas exhaustive, mais elle nous servira de fil rouge. Nous allons voir

1. I. Prigogine, I. Stengers, *La Nouvelle alliance*, Paris, Gallimard, 1979.

en effet à quel point elle nous conduit à modifier en profondeur le sens du concept de gène.

L'énigme des gènes

Revenons donc à présent sur l'une des grandes énigmes de la biologie moléculaire : en plus des lipides et des sucres, il existe deux grandes classes de macromolécules : *les protéines* faites de l'assemblage de milliers de petits éléments constitués de 20 acides aminés et qui servent à catalyser (activer) des réactions chimiques, et *les ADN et ARN* qui semblent servir en même temps de support à l'information biologique ontogénique et à l'hérédité. On va même parfois jusqu'à les nommer « les molécules de la vie ». Dire qu'elles servent de support à l'hérédité suppose que nous sommes capables de définir ce qu'est un gène, mais au fait, en sommes-nous capables ? Nous avons vu que si nous nous référons à la réponse fournie par les premiers théoriciens de la biologie moléculaire, un gène est un élément du tout qui contient la description de celui-ci. Mais cet élément, pour peu qu'il soit une sorte d'ordinateur, n'est pas un simple automate calculateur. Il est aussi capable de produire des objets et de se reproduire. Voilà pourquoi l'architecte est en même temps l'ouvrier. En même temps qu'il conçoit, il produit.

Enfin, puisque la description du tout est comprise dans l'un de ses éléments, il faut que notre automate ne soit pas simplement une molécule qui stocke l'information nécessaire pour la synthèse d'une protéine. Il faut que toute l'information nécessaire pour fabriquer la cellule soit de l'information génétique. Tel est bien le sens de la formule de Schrödinger, selon laquelle les gènes doivent en effet contrôler tout le développement de l'organisme. Cette idée a pris une extension immense ensuite à partir de l'usage parfois mal contrôlé des métaphores informatiques en biologie. N'est-il pas tentant d'affirmer que l'élément du tout qui contient sa description est comme un programme d'ordinateur, et que la fabrication du tout n'est rien d'autre que l'activité calculatoire en fonction de laquelle ce programme accomplit mécaniquement une tâche à partir des données qu'il reçoit ?

Cette idée, dans son principe même, semble pourtant aberrante, pour des raisons que nous allons examiner d'un peu plus près à présent. Il est surprenant qu'un homme de science comme Schrödinger ne s'en soit pas aperçu. Le physicien allemand a forcément eu accès à l'important article d'A. Turing de 1936. Ce qui est le plus frappant cependant, c'est qu'aucun des grands biologistes de l'époque que nous avons cité ne soit remonté jusqu'à cette source. Il se serait aperçu immédiatement que quelque chose ne fonctionnait pas, même en admettant l'analogie entre le programme d'une machine de Turing et celui contenu dans les gènes.

Qu'est-ce en effet qu'une machine de Turing ? Une machine de Turing est une machine particulière TN à quoi une entrée M est appliquée. Mais c'est en même temps le fait que M puisse être la valeur discrète associée au couple (N, M) par une fonction Φ calculable au moyen d'*une machine universelle TH*. Une telle machine a la propriété de pouvoir simuler *toute machine particulière*, puisque quelle que soit la valeur que prend chacune des deux variables associées à la fonction Φ, elle peut être à présent l'objet d'un calcul.

Par un procédé technique hérité de Cantor et que l'on nomme la diagonalisation, on peut aussi faire en sorte qu'à *TH* elle-même corresponde un nombre qui soit susceptible d'être calculé à partir d'une machine particulière TK. La machine universelle, c'est-à-dire l'automate qui est en mesure de fournir la description de tous les automates calculateurs, devient elle-même l'objet d'un calcul par l'un de ceux-ci. Nous avons donc là un analogue d'un élément du tout qui contient pourtant en même temps la description du tout.

Pourtant cette possibilité ouvre la voie d'une démonstration selon laquelle *il est logiquement impossible qu'une machine TH puisse décider par un calcul si toute machine particulière TN correspond ou non à une fonction calculable.* TH permet de *décrire* toutes les machines particulières, mais pas dans quelle mesure chacune d'entre elles est en mesure d'effectuer ou non son calcul. Nous pouvons construire ou « montrer » (*to show*) en effet *la non calculabilité de cette liste*, d'une manière proche – quoique distincte – de celle dont Gödel établissait la non prouvabilité (*provability*) de certaines propositions dans une théorie mathématique.

Développons donc l'analogie : supposons que le gène, voire le génome, soit l'équivalent d'une machine universelle de Turing. Nous voyons que le génome est l'équivalent d'une machine qui ne peut pas décider par un calcul quand le calcul dc chaque machine particulière s'arrête ou ne s'arrête pas, dans la cellule. Elle peut donc bien décrire le tout, mais elle ne peut pas décrire la manière dont le tout va fonctionner sans modifier par cette description son fonctionnement. Il n'est donc pas question de penser que la description du tout encodée dans le génome puisse être une description complète. Les plans de l'architecte ne suffisent pas à dire comment construire l'édifice.

Mais il faut ajouter à présent qu'*un gène ou un ensemble de gènes ne peuvent pas être l'équivalent d'un programme d'ordinateur*. Revenons sur ce point. Si nous admettons que la synthèse des protéines est entièrement *déterminée* par ces êtres logiques fantastiques que sont les gènes, nous entrons dans un cercle logique, car les protéines régulent en même temps l'action de ces gènes. En affirmant cela nous ne sommes qu'à l'entame d'une difficulté fondamentale. Décrivons d'un peu plus près en effet ce que la biologie sait nous dire aujourd'hui de ces gènes.

Prenons d'abord la structure en mosaïque des gènes découverte en 1978 par Philip Sharp. Dans les gènes des organismes supérieurs les séquences codantes ou *exons* sont entremêlées de séquences non codantes, *les introns*. Le gène est d'abord transcrit en une longue molécule d'ARN prémessager, dont les éléments non codants sont supprimés. C'est le processus d'épissage, au cours duquel les introns catalysent leur propre élimination. On sait aujourd'hui que l'ADN mitochondrial (les poumons de la cellule) contient également des sections non codantes, ainsi que l'ADN bactérien.

Nous savons d'autre part qu'une mutation au niveau des jonctions entre intron et exon peut engendrer l'insertion de nouvelles sections d'acides aminés sans pourtant conduire à la modification du cœur de la protéine concernée. Divers mécanismes de recombinaison peuvent faire disparaître certains gènes, ou encore peuvent conduire un même gène à être dupliqué un certain nombre de fois. Mais tel est également le cas pour certains exons, comme celui qui code pour la protéine β de la β globine. Des progrès actuels de la biologie moléculaires permettent d'attester que les séquences introns ont un taux de mutation génétique bien plus fort, mais qu'elles ne sont pas pour autant dépourvues de fonctions, y compris de fonctions évolutives, puisqu'elles induisent des recombinaisons et des réarrangements.

Enfin il existe dans le génome des séquences *transposons* découvertes en 1956 par Mac Clintock. Elles peuvent se déplacer d'un *locus* à un autre. Mais elles peuvent également se dupliquer. Dans les deux cas, leur nouvelle position interagit avec les gènes ou les exons de gènes qui les entourent. On sait donc depuis les années 80 qu'il existe des mécanismes qui ne sont pas seulement en mesure de réguler l'expression des protéines, mais de modifier le génome, voire les gènes eux-mêmes, en rendant possible la duplication ou au contraire la suppression de certaines séquences d'ADN susceptibles par ailleurs de connaître des mutations. Or il existe de nombreuses familles multi-gènes à l'intérieur desquelles il est attesté que l'information génétique n'est pas seulement dupliquée d'une manière redondante, mais modifiée.

Il existe enfin des êtres biologiques qui ne contiennent pas d'ADN. Tel est le cas du virus du Sida. Celui-ci en effet, comme tout rétrovirus, existe d'abord sous la forme d'un ARN qui par la transcriptase inverse (protéine qui recompose un ADN à partir d'un ARN) est recopié à l'intérieur de la cellule hôte en une molécule d'ADN double brin qui s'intègre dans son génome et en modifie les propriétés. Cependant la protéine fait toujours des erreurs et la séquence d'ADN n'est jamais exactement la même. C'est ce qui explique la difficulté à concevoir un vaccin.

Il y a donc tout un ensemble de facteurs qui non seulement régulent l'action des gènes, mais sont susceptibles de modifier ceux-ci.

Revenons ensuite sur les progrès de l'épigénétique. Nous savons aujourd'hui que les gènes sont embobinés sur des protéines que l'on appelle des histones, et qu'il faut à la chromatine (la substance constitutive des chromosomes et qui est composée d'ADN et de protéines) une certaine configuration pour que le nucléosome soit exprimé. Cette configuration dépend de plusieurs facteurs comme l'intervention d'agents chimiques dont l'origine n'est pas génétique : les groupcments acétyles (Ac) ou méthyles (CH3) qui s'attachent aux queues des nucléosomes par des liaisons chimiques stables.

Mais ces groupements sont eux-mêmes dépendants de protéines que l'on nomme « acétylase » ou « déacétylase » qui sont synthétisées par les gènes et qui les *décrochent* ou les *accrochent*. D'aucuns affirment qu'ils constituent une sorte de *code épigénétique*. Ainsi par exemple l'inhibition de la déacétylation d'une lysine (une protéine) induit dans certaines circonstances l'inhibition de la méthylation d'une autre lysine. Plus généralement, la chromatine d'un chromosome peut avoir une forme repliée et il est impossible alors que les protéines régulatrices permettent la transcription des gènes, c'est l'hétérochromatine, mais elle peut également avoir une forme dépliée, ou euchromatine. On sait que les histones sont hypoacétylés et très méthylés dans l'hétérochromatine.

Expliquons-nous en termes plus simples. Imaginons que CH3 signifie « peinture bleue » et Ac « peinture rouge ». Le matériel génétique ne peut être transcrit et traduit que s'il y a du bleu et pas de rouge. Il dépend de conditions épigénétiques. Il y a donc une nouvelle hiérarchie. De même que les protéines ne sont synthétisées qu'à partir des gènes, de même l'action des gènes dépend maintenant des tâches rouges ou bleues que reçoivent les chromosomes. Mais le serpent se mord à nouveau la queue ! Les protéines régulatrices qui mettent la peinture rouge ou bleue *sont elles-mêmes synthétisées par les gènes*. Alors est-ce l'œuf qui vient en premier ? Est-ce la poule ? Nous restons enfermés dans un cercle vicieux. Le code pour la synthèse des protéines dépend lui-même d'un autre code en partie lié cependant aux produits de ce premier.

Comment sortir de ces cercles vicieux ? Il n'y a qu'une solution. Il faut comprendre *comment* se forment les gènes. Mais que signifie cette démarche ? Elle signifie que les propriétés spécifiques des gènes ne sont pas des propriétés *qui existent depuis toujours dans la nature*. Il faut admettre qu'il y a une série d'événements susceptible de faire surgir ces propriétés. Et nous sommes conduits alors à une nouvelle interrogation : *comment ces propriétés surgissent ?* Cette interrogation peut aujourd'hui au moins partiellement prendre la forme d'une interrogation scientifique. Telle est la thèse que nous allons défendre.

Nous allons substituer à l'idée que les propriétés biologiques se superposent par magie aux propriétés physiques, l'idée que les propriétés biologiques sont issues de la manière dont certains systèmes physiques fonctionnent.

Mais de quel outil épistémologique nouveau avons-nous besoin pour pratiquer cette substitution ? Nous avons besoin d'abord de rejeter *la conjecture physicaliste* et nous avons besoin ensuite de fournir un sens précis au concept *d'émergence*, dont il faut affirmer *qu'il n'a rien de commun* avec celui de *survenance*.

Prenons la conjecture physicaliste : le monde naturel à la base se réduit à un monde physique que nous pouvons entièrement décrire et qui est clôturé causalement. Sous sa forme la plus simple, elle est exprimée par Pierre Simon Laplace, dans *L'essai philosophique sur les probabilités*.

Nous savons, dit Laplace, écrire l'équation du mouvement d'une planète qui tourne autour d'un soleil grâce aux lois de Newton. Nous savons aussi intégrer cette équation, trouver ses solutions. Cela signifie que si nous connaissons sa position et sa vitesse à un instant t, nous pouvons aussi prévoir sa position et sa vitesse à un instant t+1. Certes, les corps célestes interagissent les uns sur les autres, et nous ne pouvons pas décrire toutes ces interactions. L'observateur humain a une vision limitée de l'univers. Mais « une intelligence supérieure » qui connaîtrait la position et la vitesse de tous les corps de l'univers à un instant t, pourrait aussi prévoir leur position et leur vitesse à un instant t+1.

Passons outre le fait qu'il faudrait que ce démon divin puisse *résoudre* le système d'équations différentielles définissant le mouvement de tous les corps de l'univers. Laplace savait déjà, en grand mathématicien, que c'est absolument impossible. Imaginons pourtant que des progrès vertigineux soient accomplis en analyse et que cette solution puisse être trouvée. Nous voyons que cette fiction du démon nous fait passer d'un système physique *limité* qui interagit avec des éléments extérieurs à lui, *à un système infini dont quelqu'un pourrait énoncer toutes les conditions ou contraintes internes*. Qui est donc ce quelqu'un? *C'est un être métaphysique doté d'un œil surhumain*. Voilà bien la contradiction qui est au cœur de la conjecture physicaliste: *pour réduire le monde à un monde physique il faut accepter l'existence d'un œil métaphysique*. Comment éviter cette contradiction? Nous refusons à l'épistémologie *toute position et toute perspective a priori normatives*. Nous refusons les démons de Laplace et les yeux surhumains. *Il n'y a rien avant l'œil du savant*. Ce n'est pas nous qui le mettons en premier. *Il vient en premier*. L'événement de l'expérimentation scientifique vient avant toute tentative de substantialisation et d'essentialisation de cet événement que l'épistémologue pourrait faire. Voilà notre position *anti-transcendantaliste*. Quand le philosophe, avec son regard indirect vient analyser cet événement *rétrospectivement*, il ne voit qu'un observateur qui étudie des systèmes *finis* définis par des contraintes internes. Rien n'interdit à cet observateur d'imaginer que des contraintes externes puissent venir perturber ces contraintes internes. Bien au contraire. *Nous avons déjà vu que l'hypothèse de sélection naturelle est fondée sur cette idée*.

Avançons donc à notre tour deux conjectures.

1) Les systèmes biologiques, tout d'abord, sont des systèmes émergents. Nous entendons simplement par là *que la vie a quelque chose à voir avec le fait que la description de ces systèmes doit intégrer le fait que leur fonctionnement vient*

modifier la description initiale des éléments de ce système. Ils ont une histoire. Tel est le sens que nous donnons au concept d'émergence diachronique. Nous allons voir que cette conjecture est essentielle pour comprendre d'abord que la vie ait des origines, et que les gènes du vivant aient eux-mêmes des origines. Mais l'univers physique observable aussi a une origine. Il a également une histoire.

2) Les systèmes biologiques sont une seconde fois définis par le fait qu'ils sont finis, temporels, et non éternels. *Ils ne sont pas seulement définis par leurs contraintes internes, mais par les contraintes externes qui agissent sur eux. Ils ne sont pas seulement auto-organisés, mais en même temps hétéro-organisés.* Voilà pourquoi le concept de sélection naturelle a tant d'importance pour nous [1].

Mais si nous allons en amont, et si nous nous tournons vers ce que nous venons de décrire précédemment, le fait que les systèmes vivants soient ouverts et loin de l'équilibre fournit déjà une pertinence à notre double conjecture. Les structures dissipatives, les formes de Turing, n'apparaissent que dans la mesure où l'équilibre interne d'un système *est brisé par des perturbations externes*. Le liquide de Bénard est chauffé. Des activateurs et des inhibiteurs circulent dans les réacteurs chimiques.

Nous pensons simplement que les concepts de « sélection naturelle » et de « reproduction » ajoutent un niveau de complexité supplémentaire à ces systèmes chimiques qui ne sont pas encore véritablement biologiques. Ce sont eux notamment qui nous empêchent de comprendre l'évolution, comme la simple dynamique d'un système qui tend vers son état attracteur.

1. J.-J. Kupiec, P. Sonigo, *Ni Dieu ni gène*, Paris, Seuil, 2000.

Rien par ailleurs ne nous interdit d'admettre qu'il y ait des étapes transitoires, *des différences de degrés*, à l'intérieur desquelles des minéraux et des cristaux se comportent déjà presque comme des êtres vivants et les êtres vivants (virus) ressemblent encore à des êtres minéraux. Nous y reviendrons.

Le problème de la réplication, de la transcription et de la traduction

Supposons que la vie soit la disposition qu'a un segment d'ADN de se répliquer ou encore de coder pour la synthèse d'une protéine, même si elle n'est pas *que* cela. La relation entre la propriété de synthétiser des protéines et la structure physico-chimique de l'ADN est rapportée alors à la vie comme invariant fondamental. Une telle situation mène assez naturellement à une interprétation de la vie, qui outre l'exigence de penser les lois comme des relations véritablement universelles (et non de simples régularités nomologiques) attribuées à des objets, conduit à faire de celle-ci *une substance*, ou au moins *une espèce substantielle* d'objets.

Mais l'interrogation sur *les origines* de la vie renverse définitivement cette perspective. Il s'agit alors de savoir dans quelles conditions ce qui semblait substantiel apparaît au contraire comme une propriété qui émerge du fonctionnement d'un système. La vie, au lieu d'être une substance, devient un événement. C'est le concept d'émergence qui produit ce renversement et cette préséance du chronologique sur le logique. Il manifeste l'exigence de ne plus placer des espèces et des universaux substantiels sous les choses, mais de rendre au contraire les systèmes d'objets à leur historicité. Il conduit au rejet de tout point de vue transcendantal et idéaliste en philosophie des sciences. Les représentations mentales ne renvoient plus à des Idées ou des Espèces. Elles renvoient à des systèmes d'objets dont les structures ne sont pas *indépendantes* de la manière dont ils agissent. Elles ne sont pas posées par Dieu de toute éternité dans le monde. Jetons plutôt quelques gouttes d'acide universel sur cette hypothèse du passé.

Commençons par le modèle de la *relève génétique* que G. Cairns-Smith a proposé et qui a fait couler tant d'encre[1]. L'idée de relève génétique est celle d'un *échafaudage* qui sert à soutenir les pierres d'une maison avant qu'elles ne parviennent à se soutenir les unes les autres quand l'édifice est achevé. Pour le biologiste écossais, des cristaux d'argile seraient à l'origine de l'édification des premiers organismes. On sait qu'une structure cristalline a le pouvoir de croître et de grandir à l'identique. De surcroît les argiles sont composées de feuillets qui peuvent servir de réservoir pour des activités catalytiques se produisant à l'abri des rayonnements lumineux.

Selon G. Cairns-Smith ces feuillets auraient emmagasiné des mélanges d'acides aminés et d'acides nucléiques, catalysant les réactions améliorant la réplication des structures cristallines. Ils auraient pu alors permettre la naissance d'un autre matériel génétique. Il faudrait donc que ces mélanges d'acides, par un couplage de contraintes, gagnent une autre fonction. Ils ne seraient plus de simples catalyseurs de réactions chimiques. Ils seraient en même temps les bâtisseurs des nouveaux gènes véritablement biologiques. Pour que le gène biologique puisse ainsi se caractériser par la fonction, ou la disposition selon laquelle il exprime un caractère phénotypique, il faut préalablement *qu'il soit le produit d'une activité catalytique*. Cette fonction de coder pour un phénotype qu'il acquiert n'est donc plus originaire. Elle émerge comme

1. G. Cairns-Smith, *Genetic takeover and the mineral origin of life*, Cambridge, Cambridge University Press, 1982.

un événement de l'histoire d'un système d'éléments. On pourrait rétorquer bien sûr que l'argile dispose déjà de cette fonction. Mais ce serait une nouvelle erreur. L'argile au départ a seulement la capacité de croître et non celle de se reproduire et d'exprimer un phénotype. Il faut que l'on découvre dans l'argile la présence de *structures apériodiques* amplifiées associées d'une manière régulière à une certaine expression phénotypique pour parler de reproduction, puis de sélection.

Dans le premier article de 1968 où G. Cairns-Smith développait ce modèle, il n'avait pas les moyens d'aller plus loin. Mais on a découvert depuis, l'existence de cofacteurs constitués à la fois de nucléotides et d'acides aminés et ayant la propriété d'améliorer l'efficacité des premiers biocatalyseurs qui étaient des ribozymes et non des protéines. On a également mis en valeur l'existence de ces ribozymes qui sont des segments d'ARN ou d'ADN *capables d'activités catalytiques*. Ils se comportent donc comme des protéines et non pas seulement comme des gènes. C'est ainsi par exemple que les sections non codantes de l'ADN des cellules eucaryotes (qui disposent d'un noyau) sont transcrites en ARN pré-messager ayant le pouvoir de catalyser son propre épissage. Certains ARN ribosomaux ont également des propriétés catalytiques.

Demandons-nous alors par quels mécanismes des structures réplicatives peuvent être amplifiées exponentiellement au détriment de structures non réplicatives. Nous avons maintes fois insisté sur un exemple intéressant commenté par S. Kauffman.

M. Eigen et P. Schuster avaient mis en valeur la notion d'hypercycle. Dans un modèle où il existe plusieurs unités de réplication A, B, C, D, l'efficacité de celles-ci augmente avec la concentration de celle qui la précède tout au long d'un cycle qui est bouclé par le fait que l'efficacité de A est amplifiée par la concentration de D créant un cercle vertueux. Ces cycles sont ainsi la manifestation d'un équilibre dynamique. Structurellement, l'hypercycle renvoie au modèle de la croissance par autocatalyse, lorsque les produits dérivés B, C et D des réactions d'une molécule A créent deux nouvelles molécules de A.

Mais c'est toujours le même élément qui est reproduit dans un tel cycle et non *une suite apériodique d'éléments*. De surcroît, l'autocatalyse ne permet pas une croissance exponentielle des structures réplicatives. G. Von Kiedrovski a donc imaginé un nouveau modèle (1994). Deux trimères d'ADN (CCG, CCG) catalysent la ligature des deux trimères complémentaires (CGG, CGG) pendant que ces derniers font de même. Ils se comportent comme une sorte de colle moléculaire.

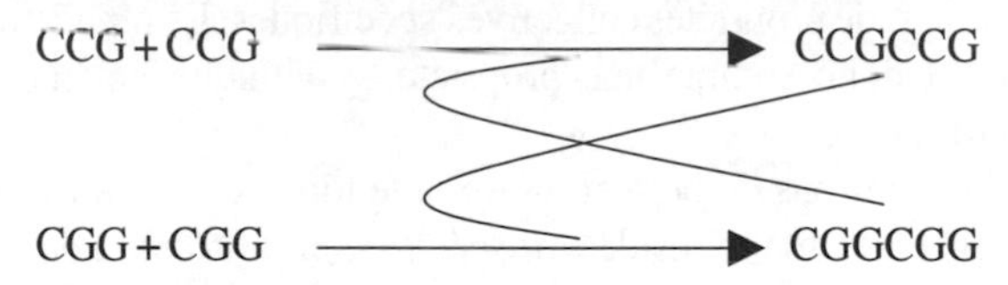

Il n'y a donc pas un hexamère d'ADN qui sert de substrat pour la synthèse du brin complémentaire. La synthèse des deux brins s'effectue en même temps et elle est le produit de cette activité de *catalyse croisée*.

Revenons à présent sur la première grande fonction caractéristique de la molécule d'ADN, la réplication. Depuis l'article séminal de Crick et Watson on a longtemps pensé que la réplication pouvait être réduite aux règles d'appariement des nucléotides selon lesquelles A ne peut être attaché qu'à T (remplacé par U dans l'ARN) et G qu'à C. Lors de la séparation, chaque brin d'ADN devenait en vertu de raisons purement chimiques le substrat originaire pour la synthèse d'un brin complémentaire. Cela supposait que l'on pouvait artificiellement le reconstituer dans une éprouvette, sans l'aide de toutes les protéines qui catalysent et régulent le processus de réplication. Cette tentative a été effectuée par L. Orgel, mais sans un plein succès. L'ADN est composé de sucres qui sont difficiles à reconstituer et les liaisons entre certains nucléotides sont moins stables que celles entre d'autres, pour des raisons chimiques. La synthèse dirigée ne pouvait donc pas s'opérer de manière optimale.

Dans le modèle de G. von Kiedrovski, nous voyons au contraire que la réplication n'est plus une propriété originaire trouvant sa source dans la chimie des molécules. C'est le fruit d'une activité biochimique complexe qui peut très bien intégrer, non pas deux, mais mille ou dix mille éléments en interaction et pourvus, non seulement d'une activité catalytique, mais aussi de propriétés collectives spécifiques. La réplication apparaît donc comme une propriété systémique émergente (Kauffman[1]).

Concentrons à présent notre attention sur la mise en évidence des fonctions de *transcription* et de *traduction* des triplets d'ADN en acides aminés qui supposent l'existence du code génétique. Nous voyons que nous tournons ici autour d'une autre propriété fondamentale du vivant: non plus la réplication, mais la capacité de stocker l'information génétique. S'agit-il bien là d'une propriété originaire? Si nous l'admettons, nous sommes pris dans un cercle vicieux déjà relevé. Il faut des protéines pour que l'ADN puisse coder pour la synthèse de protéines. *Comment transformer le cercle vicieux en cercle vertueux ?*

Voici l'astucieuse solution proposée par E. Szathmary et J. Maynard Smith[2]. Nous savons que les plumes d'un animal ont pu servir à conserver la chaleur, comme le duvet

1. S. Kauffman, *Investigations*, Oxford, Oxford University Press, 2000.

2. J. Maynard-Smith, *Les origines de la vie*, trad. fr. Paris, Masson Sciences-Dunod, 2000.

aujourd'hui, avant de servir à voler. Acceptons que les ARN ont précédé chronologiquement les ADN. Toute une série d'indices le suggère aujourd'hui. C'est l'hypothèse du « monde ARN ». Il existe des virus qui n'ont pas d'ADN. L'alphabet ARN est fait de quatre lettres (G, U, A, C), mais le U est dérivé chimiquement du T de l'alphabet ADN et non l'inverse. La plupart des ribozymes sont des ARN. Ils ont donc pu jouer un rôle de biocatalyseur avant de servir à transcrire l'information génétique. Nommons les R1. Imaginons maintenant que les premiers acides aminés (AM1) aient pu servir de cofacteurs pour améliorer les performances catalytiques des ribozymes R1.

1) AM1+ R1 => R1*

Nous pouvons imaginer alors progressivement que l'échafaudage tombe et que AM1 remplace complètement R1, de telle sorte que celui-ci assume une nouvelle fonction : la transcription (photocopie de l'ADN en ARN).

Nous pouvons supposer ensuite qu'une nouvelle classe de biocatalyseurs R2 permette la synthèse et non pas seulement l'amélioration de performances de plusieurs cofacteurs identiques formés à la fois d'acides aminés et d'ARN :

2) R2 et AM1+R1 => N

Appelons cette nouvelle classe de molécules N. On voit comment R2 a pu progressivement jouer le rôle des ARN de transfert, des éléments adaptateurs qui attachent les séquences d'ARN messager à l'acide aminé correspondant, dans le processus actuel de traduction.

Supposons maintenant qu'une classe d'enzymes R3 lierait plusieurs N distincts au même ribozyme, etc. À travers ce processus, le ribozyme N serait conduit progressivement à assumer une autre fonction que celle de biocatalyseur. Il commencerait à se transformer en machine-outil, en ribosome.

Les propriétés apparemment originaires des systèmes vivants semblent ainsi susceptibles d'être dérivées de leur histoire. Le seul trait fondamental qui persiste semble donc être leur caractère diachronique, comme si, dans ces systèmes, la synchronie dépendait essentiellement de la diachronie et non l'inverse. Ainsi serait-il possible de comprendre sans circularité pourquoi un passage du non-vivant au vivant est susceptible de s'opérer et pourquoi de ce fait la vie n'est pas présente de toute éternité dans l'univers.

Que nous enseigne la première modélisation logique de la reproduction?

Je voudrais revenir alors sur la première modélisation logique de la reproduction proposée par Von Neumann en 1948[1]. Certes cette modélisation est ancienne, et elle présuppose que le gène est bien un «plan», un élément du tout qui contient la représentation de la manière dont le tout va être formé. Cette représentation est en même temps un signal, un ordre, une «instruction», comme chez Schrödinger. Elle suppose également que l'on peut identifier et isoler chaque gène. Cette vision est évidemment aujourd'hui obsolète. Mais même avec cette représentation outrageusement simplifiée, il me semble que le modèle de Von Neumann dit encore quelque chose de fondamental, pour un épistémologue défendant l'usage du concept d'émergence.

Le logicien hongrois tente de montrer selon quelles conditions la complexité d'un système d'automates de ce type peut devenir *créatrice* et non plus *dégénérative*. Elle est dégénérative dans les circonstances suivantes: imaginons un

1. J. Von Neumann, *Théorie générale et logique des automates* (1953), trad. fr. J.P. Auffrand, Paris, Champs Vallon, 1996.

automate A (*qui peut très bien symboliser l'organisme*) qui construit n'importe quelle entité dont on lui fournit la description, à partir d'une instruction i (*symbolisant le gène*). L'automate B est en mesure de faire une copie de n'importe quelle instruction i qui lui est fournie. Ajoutons un mécanisme de contrôle C. Nous pouvons toujours disposer ces éléments de telle sorte que :

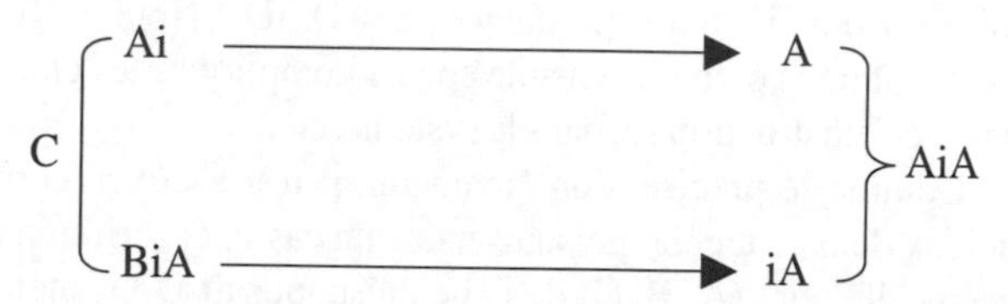

Ici, le système (A, B, C) conduit à la reproduction d'un élément AiA qui est *moins complexe* que le système, au sens où il contient moins d'information, comme le fait remarquer Von Neumann. *La tâche accomplie* par la machine est moins longue à décrire que *la machine elle-même*, puisqu'il doit y avoir dans la machine, une description de cette tâche en plus de la description de la machine.

Mais nommons à présent D le système (A, B, C.) Demandons à A de reproduire D. L'automate A est capable de reproduire n'importe quel automate à partir d'une instruction donnée, même s'il s'agit d'un automate plus complexe que lui. Nous avons là l'analogue de la machine universelle de Turing qui devient l'objet d'un calcul par une machine particulière :

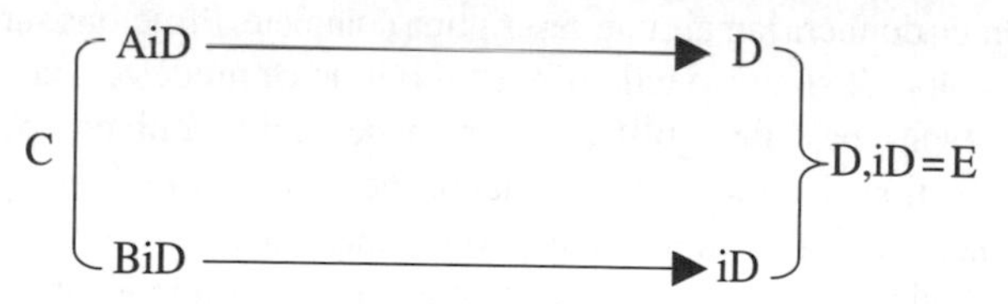

Le système E devient un automate *auto-reproducteur*. Il est en mesure, non pas de reproduire d'autres automates, mais de *se* reproduire. Pourquoi ? Le paradoxe apparent vient du fait que le système entier (A, B, C) = D est à présent décrit à partir d'une instruction iD, dont on *fait* quelque chose à partir du système (A, B, C). La description du tout (iD) devient ainsi un élément qui opère dans le tout. Un nouveau tout émerge donc qui n'est plus D, mais qui *devient* E = (D, iD). Nous voyons comment nous pouvons ensuite encore compliquer les choses et placer l'instruction iE, dans le système, etc.

Comme le précise Von Neumann, il n'y a aucun cercle vicieux dans tout cela, puisque en aucun cas la description de chaque élément (A, B, C) de D ne présupposait D lui-même. L'engendrement de E à partir de D n'est pas non plus susceptible d'être *déduit* à partir de la description de ce dernier (autrement il y aurait un cercle vicieux). Il résulte de la relation entre la *description* de D et de *l'opération* qui consiste à placer cette description de D dans D lui-même.

Le résultat est donc que la description du tout n'est pas le tout lui-même. Nous voyons ici à quel point la modélisation est instructive. Elle ne nous dit pas en effet que la description du tout n'existe pas. Elle n'affirme pas non plus qu'il n'existe aucun élément du tout susceptible de la contenir. Nous voyons dans notre exemple que l'automate A est susceptible de contenir l'instruction iD. Elle nous conduit plutôt à conclure que, s'il existe un élément qui nous fournit une description du tout, il n'en donnera jamais une description complète. Projetons sur la biologie : si nous voulons nous servir de ce modèle, nous ne devons pas nier qu'il existe bien des gènes qui ont pour fonction de stocker l'information nécessaire au développement de l'organisme. Nous devons simplement refuser que ce développement puisse être entièrement déterminé à partir de ces gènes.

QUE DEVIENNENT LES GÈNES ? DE LA GÉNÉTIQUE MOLÉCULAIRE À LA DYNAMIQUE DES INTERACTIONS TISSULAIRES

Dans notre perspective, il devient crucial de comprendre ce que sont les gènes à partir de la façon dont ils se forment. Nous venons de suggérer que certaines propriétés dynamiques de réseaux moléculaires complexes pourraient « expliquer » l'émergence des gènes. Mais il devient tout aussi central de comprendre *ce que les gènes deviennent pour expliquer ce qu'ils sont.* Voilà donc évidemment la thèse que nous défendrons ici : ce que deviennent les gènes dans des réseaux moléculaires, cellulaires et tissulaires modifie profondément la description que nous pouvons fournir de ce qu'ils sont. *Mais cela ne signifie en rien que les gènes n'existent pas et que ce ne sont que des entités fictives.* Nous allons en donner plusieurs exemples.

1) Le premier se situe au niveau de la génétique moléculaire.

Nous savons aujourd'hui qu'il existe *des gènes mutateurs* dont l'action pourrait jouer un rôle direct dans le processus évolutif. Pour comprendre le rôle qu'ils jouent, il faut revenir sur la fonction de réplication et insister sur le rôle des mécanismes de réparation de l'ADN. Dans l'article de Watson et Crick de 1953, la réplication semblait pouvoir être réduite à la propriété des nucléotides de pouvoir s'apparier paire par paire pour des raisons de stéréochimie. Nous savons aujourd'hui que tel n'est plus le cas. Nous avons déjà mis l'accent sur l'incroyable complexité du processus de réplication qui met en jeu un très grand nombre de protéines remplissant des fonctions distinctes. Mais la réplication n'est pas seulement régulée. Elle est aussi *corrigée* lorsque des *erreurs* interviennent. Nous n'insisterons pas ici sur la logique forcément complexe d'un tel processus. Ainsi, par exemple, un mésappariement entre nucléotides (A-T ou G-C) est immédiatement repéré par l'enzyme réparatrice, l'ADN Polymérase. L'erreur est ensuite réparée par coupure et ligature. C'est le procédé le plus simple.

M. Radman a découvert deux autres mécanismes de réparation de l'ADN en travaillant sur le génome de la Salmonelle et du Colibacille (deux bactéries). Le premier est le système de réparation des mésappariements (SRM). Il intervient après la réplication, quand des erreurs subsistent, comme lorsque A n'est pas en face de T. Il y a un groupe de protéines chargées de les corriger (Mut S, Mut H, etc.). Elles remarquent immédiatement un degré de méthylation plus faible dans le brin néoformé, comme une ligne écrite en couleur rouge (si nous supposons que bleu = méthylation) au lieu d'être écrite en couleur bleue. Toute mutation de ce groupe de gènes a pour conséquence la multiplication du nombre d'erreurs d'appariements et une plus grande facilité de recombinaison entre l'ADN bactérien de deux espèces distinctes.

Le second est la boîte (SOS) présente chez les bactéries, mais aussi chez les mammifères, quoique sous une forme plus complexe. Rappelons le principe. Lorsque la bactérie est soumise à un stress (par exemple quand elle subit l'effet d'un rayonnement) et que des cassures dans ses chromosomes se forment, la réplication du matériel héréditaire ne peut plus se faire normalement. La voiture est en panne. La cellule bactérienne reçoit alors un signal. Cette réaction conduit une protéine RecA (pour *recombinaison*) à se transformer en co-protéase (protéine qui détruit une autre protéine). Il s'agit là de son premier rôle. Elle clive alors une autre protéine Lex A (pour *loi*) qui est la gardienne de la boîte SOS. Lex A réprime l'action des gènes qui codent, par exemple, pour la synthèse des protéines polymérases 4 et 5 qui réparent l'ADN. RecA joue alors un second rôle de substrat pour l'action réparatrice de ces polymérases. Non seulement elles permettent à la voiture de recommencer à rouler, mais elles induisent par ailleurs des mutations ciblées et non ciblées dans le génome.

En collaboration avec F. Taddei et P. Macic, M. Radman a montré le lien entre cette action mutatrice et la capacité des bactéries à s'adapter à un environnement hostile en engendrant de la complexité génétique, sans créer pourtant un fardeau génétique trop lourd. L'action des deux systèmes (SRM) et (SOS) apparaît complémentaire. Le premier en effet gère les erreurs d'appariement, lorsque la pression sélective est faible. Ainsi s'explique que le taux de mutation baisse. Le second ne se déclenche et ne joue son rôle d'amplification de la mutagenèse qu'en cas d'événements menaçant la survie des organismes concernés. Rappelons aussi la conclusion de M. Radman :

> Ce processus qui peut être provoqué d'une manière génétiquement programmée permet aux cellules individuelles de muter lorsque leur survie est menacée, et par là d'accroître la diversité génétique et l'adaptabilité de la population soumise au danger [1].

Qu'appelle-t-on alors ici *programmation*? Telle est la question que nous nous sommes posés à plusieurs reprises. Nous pouvons assimiler les gènes initiaux à un ensemble de contraintes. Mais à l'intérieur de celles-ci, il y a la *possibilité inscrite dans les gènes mêmes de ces bactéries que ce qui se produise au niveau post-génétique agisse en retour sur ces contraintes, une fois un processus temporel effectué*. Nous pouvons définir deux espèces d'action de ce genre. La première est une action de régulation qui concerne ce qui se

1. M. Radman, « Enzymes of Evolutionary Change », *Nature*, 401, 1999, p. 866-869.

produit à partir des contraintes initiales sans être complètement explicitées par celles-ci. Nous en avons vu des exemples précédemment. La règle ne nous dit pas comment appliquer la règle. Mais ici nous avons un phénomène plus complexe : *il y a encodées dans le génome des conditions qui vont rendre possible une modification des contraintes initiales en interaction avec le milieu extérieur.*

Enfin, la découverte de M. Radman est à la croisée entre la biologie moléculaire et les propriétés des gènes d'une part, et les tentatives pour mesurer l'effet de la sélection naturelle sur une population de gènes d'autre part. En effet, à la thèse *néodarwinienne* d'une pression du milieu éliminant ou préservant des variations héréditaires se produisant au hasard, se substitue celle plus *néolamarckiste* d'une pression du milieu qui interagit avec le taux de mutation du génome, puisqu'en fonction des circonstances environnementales, c'est plutôt le système (SRM) ou le système (SOS) qui se déclenche. Nous voyons ainsi que *l'aptitude à évoluer* (*evolvability*) pourrait apparaître ici comme le fruit de ce couplage entre le développement *dynamique* et non seulement *stochastique* d'un processus interne et une contrainte externe venant perturber ce développement.

2) Le second exemple que nous souhaitions prendre se situe au niveau de la dynamique des interactions tissulaires et il concerne la relation entre les tissus parenchymateux (fonctionnels) et les tissus conjonctifs (enveloppants) dans la mise en évidence du processus de *vieillissement*. Nous allons nous intéresser ici uniquement aux tissus conjonctifs. D'autres processus responsables du vieillissement existent et nous ne pouvons pas les passer tous en revue. Il a été montré par L. Robert que la présence de certains mécanismes post-traductionnels au niveau des relations entre cellules et Matrice

Extra Cellulaire expliquait pourquoi la prépondérance des tissus conjonctifs avec l'âge déclenchait le vieillissement humain, intimement lié au déclenchement croissant de pathologies diverses, comme l'arthrose, le cancer et l'infarctus. Expliquons un peu ces mots.

Rappelons qu'on entend par tissus « conjonctifs », par opposition à « parenchymateux », la partie plus organisationnelle que fonctionnelle des tissus. Si l'on examine comment ils se forment, nous découvrons en effet que des gènes codent, à l'intérieur de chaque cellule pour la synthèse de protéines qui vont constituer la Matrice Extra Cellulaire (MEC) entourant et mettant en ordre les cellules. L'élastine est ainsi responsable de l'élasticité des tissus, le collagène de leur solidité. Parmi les glycoprotéines de structure, la fibronectine sert de colle moléculaire. Mais il y a aussi la laminine, etc. La matrice interagit avec le génome de chaque cellule et régule la traduction des gènes en protéines. Les tissus conjonctifs ont une caractéristique : ils contiennent beaucoup de Matrice Extra Cellulaire. Le rôle joué par certaines protéines composant cette Matrice, comme l'élastine, le collagène et la fibronectine dans le déclenchement d'une *dynamique de dégradation* induisant de telles pathologies a été mis en évidence. Mais que faut-il entendre exactement par « dynamique de dégradation » ?

Les molécules de fibronectine et d'élastine sont dégradées en peptides (morceaux de protéines), au cours du processus de vieillissement. L'une d'entre elles au moins est reconnue par un récepteur, qui n'est rien d'autre qu'une contrainte dynamique induisant l'amplification de la synthèse d'élastine dégradée en peptides (morceaux de molécules). Ainsi pourrait s'expliquer qu'elle est effectivement croissante avec l'âge. La reconnaissance des peptides induit en effet la synthèse de protéases et de radicaux libres (molécules issues de la respiration cellulaires, composées de déchets d'oxygène et qui détériorent les protéines) détruisant toujours davantage les molécules synthétisées.

Il s'ensuit une destruction de l'équilibre général de la cellule. Les flux de calcium ne sont plus régulés normalement, par exemple. En ce qui concerne la fibronectine, un lien est suspecté entre l'amplification de sa forme dégradée et le désordre tissulaire dans l'architecture reliant les tissus conjonctifs et les cellules parenchymateuses. On pense que ce désordre pourrait être l'une des origines du cancer. Tout cela ne semble rendu possible que par l'inversion de polarité des fonctions remplies par ces molécules. *De remèdes qu'elles étaient, elles se transforment en poison.*

L'élastine ne donne plus aux tissus leur élasticité. Elle explique plutôt que les tissus conjonctifs empêchent progressivement les tissus fonctionnels de remplir normalement leur rôle. Ils favorisent par exemple la formation d'athéromes dans les réseaux artériels et veineux. Ce sont des plaques composées de lipides et de calcium qui bouchent les conduits artériels et veineux et peuvent induire le déclenchement d'infarctus. Prenons une image pour bien nous faire comprendre. On a souvent assimilé le vieillissement à l'usure d'une machine. Comme s'il n'y avait là qu'un simple phénomène entropique. Rien n'est plus faux dans notre cas d'espèce. Non seulement les molécules d'élastine ne sont plus des éléments qui permettent aux réseaux veineux et artériel de bien fonctionner en leur donnant de la souplesse. Mais ce sont comme des boules de poison qui induisent la fabrication *d'encore plus de poison*. Imaginez à l'intérieur de votre corps des bombes qui explosent et qui induisent ainsi la formation de dix fois plus de bombes qui explosent, etc.

Or cette inversion de polarité, entre ce qui est bon et ce qui cesse d'être bon pour l'organisme, n'est *justement pas programmée dans les gènes!* Les propriétés nouvelles qui sont conférées à ces molécules ne sont pas susceptibles d'être initialement décrites à un niveau génétique de base. *Aucun gène n'est responsable de la dégradation de l'élastine en peptides*, et cela pour une raison fort simple : elle s'opère par le fait qu'elle réagit chimiquement avec le calcium et les lipides qui ne sont pas synthétisés par des gènes. C'est une autre chimie plus basique qui explique leurs propriétés. Mais dans cette chimie basique *qui agit*, rien ne peut expliquer cette réaction ! Il faut supposer en effet pour cela que des macromolécules d'ADN existent et qu'elles sont à l'origine de la synthèse des protéines globulaires.

De surcroît ce processus de dégradation n'a de sens que dans *le contexte* des contraintes propres aux tissus constitués, avec les relations entre cellules et matrice, les récepteurs, les canaux de signalisation, etc. Il est épi-génétique, au sens ancien du terme (sans impliquer directement l'existence d'un nouveau code au niveau des molécules qui s'ajoutent sur la queue des histones).

C'est *donc le contexte* et non les propriétés intrinsèques des gènes qui donnent à ce système ses caractéristiques, *après qu'il ait fonctionné*. Nous pouvons dire en effet après, que les gènes sont responsables de la synthèse de protéines de plus en plus dangereuses pour l'organisme. *Mais elles ne l'étaient pas avant*. Ce qui est synthétisé par les gènes a donc changé de fonction, ce qui nous dit suffisamment que la nouvelle fonction ne peut pas être encodée dans les gènes. *Les gènes, comme entités physiques, ne sont pas changés*, comme dans l'exemple précédent tiré des travaux de Radman. *Mais le rôle joué par les gènes n'est plus le même avant et après*. Il ne faut pas confondre ici la cause et la conséquence, le résultat du processus et ses contraintes initiales. Les molécules d'élastine n'étaient donc pas initialement dangereuses. C'est le fonctionnement d'un système dynamique qui fait surgir cette propriété émergente, sur le fondement d'une modification des contraintes initialement imposées au système. Cette fonction n'était pas là au départ. *Nous supposons simplement qu'il était impossible au départ de faire une description complète du système.*

3) Ce que nous venons de dire du vieillissement peut également se soutenir au sujet du cancer. Il est bien possible que la dégradation de la fibronectine enclenche une dynamique ayant des répercussions sur les interactions tissulaires. Mais si nous nous plaçons ensuite *dans le contexte* de ces interactions, de nouvelles propriétés apparaissent. C'est ainsi que Ana Soto et Carlos Sonnenschein ont pu formuler une hypothèse nouvelle concernant le déclenchement du cancer[1]. Elle est fondée sur une double prémisse :

> 1) la prolifération est l'état normal des cellules. Ce n'est pas une anomalie due aux faits que les cellules sont cancéreuses.
> 2) les carcinogènes (facteurs responsables du déclenchement d'un cancer) agissent directement sur les interactions tissulaires en levant l'inhibition de cette prolifération que ces interactions au contraire conditionnent.

Les cellules épithéliales qui sont déliées de leur relation initiale avec le stroma (base constituée de tissus conjonctifs), commencent à proliférer. Dans la mesure où la recombinaison d'un stroma exposé à un carcinogène avec des cellules épithéliales normales déclenche l'étape initiale du cancer *alors que l'inverse n'est pas vrai*, on peut en induire que c'est la destruction de l'architecture normale des tissus conjonctifs qui déclenche le cancer. Ainsi s'expliquerait que le processus cancéreux soit initialement réversible. On sait en effet par exemple que des cellules embryonnaires induisent des tumeurs

1. A. Soto, C. Sonnenschein, *The Society of Cells,* Oxford, Bios Scientific Publishers, 1999.

quand elles sont mises dans certains tissus adultes, et qu'elles redeviennent normales, une fois remises dans les tissus de l'embryon.

Le cancer semble apparaître en partie comme une propriété des tissus. Il dépend de l'action des carcinogènes sur le stroma qui crée une désorganisation architecturale de celui-ci ayant des répercussions sur les interactions avec l'épithélium. La propriété qu'a le stroma d'être organisé ou désorganisé a donc des effets visibles sur le comportement des cellules et l'architecture tissulaire qu'elles dessinent. Le niveau émergent agit, pour ces auteurs. Il modifie les propriétés des cellules. *Il agit sur les gènes*. Cela explique également pourquoi la mise en culture artificielle des cellules ne permet pas d'étudier correctement la formation du cancer. Un article récent [1] indique que la mise en culture montre à quel point le taux de mutation et de réarrangement chromosomique est plus important que ce que l'on attendait dans les cellules somatiques. Elle montre donc que ces réarrangements qui existent également *in vivo* n'expliquent pas le déclenchement des cancers. Ils trouvent plutôt leur source dans le mode de contacts et d'interactions entre les cellules, selon ce qu'il appelle « un principe d'hétérogénéité ordonnée ».

Les propriétés émergentes modifient donc les propriétés des éléments tels qu'ils étaient décrits avant que le fonctionnement d'un système d'éléments les fasse surgir. C'est ainsi, dans l'exemple du vieillissement, que le calcium et les lipides ont la nouvelle propriété de dégrader l'élastine. De même, le processus de destruction de l'élastine en peptide a la propriété de constituer une dynamique systémique qui va modifier une

1. H. Rubin, « What keeps cells in tissues behaving normally in theface of myriad mutations ? », *BioEssays*, 28, 2006, p. 515-524.

seconde fois les propriétés de l'élastine. Il en est de même, nous pouvons le dire aujourd'hui à coup *presque* sûr, de ces fameux oncogènes responsables du cancer.

CONCLUSION

« Alors ? – demandera-t-on à la fin de ce petit travail de synthèse – qu'est-ce que la vie ? ». Je vais décevoir mon lecteur et lui avouer que je ne sais pas complètement répondre. J'ai juste une première intuition de philosophe, moins forte, moins belle sans doute que celle de Bergson : ce qui marque le passage du non-vivant au vivant, que l'on fasse référence au métabolisme, à la reproduction, au développement et à la maladie, au vieillissement, ou enfin à l'évolution, *c'est la présence quasi systématique de propriétés émergentes dans les systèmes d'objets qu'on analyse*. J'entends par émergence le fait que la description initiale d'un système d'objets, la description de leurs propriétés, de leurs relations, voire de leurs relations exprimables au moins partiellement sous une forme mathématique, par exemple des équations différentielles, est bien en effet pour nous la description d'un ensemble de règles. Mais elle n'est en rien du même coup la description de la manière dont il faut appliquer ces règles :

Le fonctionnement de ce système n'est pas une simple mise en pratique de la description qui n'ajoute rien à celle-ci. Bien au contraire, il donne à la description initiale un sens qu'elle n'avait pas au départ, pour des raisons qui ne sont pas accidentelles, mais intrinsèques à la représentation théorique de ce système.

a) Je voudrais m'expliquer à présent sur ce premier point. Dans le modèle de Von Neumann, le fonctionnement du modèle augmente sa complexité pour des *raisons intrinsèquement théoriques*, et ce sont des raisons du même ordre que celles qui nous poussent avec Turing, à accepter que les notions de fonctions logiques et de calcul ne sont pas synonymes, et avec Gödel que les notions de « construction » et celles de « déduction » ou de « preuve » ne sont pas non plus synonymes. En réalité ces trois théoriciens s'appuient sur des outils conceptuels extrêmement voisins. Je crois qu'il s'agit là dans l'histoire de la pensée, de la première mise en évidence du fait qu'à l'intérieur même de modèles nous constations à chaque fois que la description du modèle n'est pas plus riche, mais *plus pauvre* que ce qui est effectué à partir du modèle. Ces modèles sont aujourd'hui au cœur de la biologie contemporaine, bien plus encore qu'à l'époque de Von Neumann. Je précise complètement ma pensée : *quand on prend ces modèles, non plus simplement comme outils, mais bien comme objet de réflexion, on tombe sur le problème théorique que je viens de soulever.* C'est donc un problème réel, même si l'on affirme ensuite que ces modèles ne sont que des joujoux et qu'ils n'ont rien à voir avec la réalité physique ou biologique.

b) Ne sont-ils que des joujoux ? L'émergence n'est-elle qu'une propriété de nos modèles, sans rapport avec la réalité ? C'est le contraire à mon avis. Le fait que les modèles théoriques agissent, que leur description soit complétée par leur fonctionnement nous oblige à en finir avec le *mythe d'une représentation théorique du monde qui pourrait être enfermée dans l'esprit de quelqu'un – que ce quelqu'un soit un Dieu, ou un Démon ou un Diable – et qui pourrait donc exister hors du monde naturel.* Dans mes vues, une représentation théorique est un objet naturel comme un autre, elle a un support physique comme tout objet psychique ou biologique, et elle produit des effets. Il y a, comme dit Isabelle Stengers, « *une pratique des modèles* » [1]. Mais cette pratique est *réelle*. Elle agit. C'est cette action qui s'aperçoit dans la distance entre fonction et calcul, entre construction et déduction, entre description et fonctionnement, dès qu'en effet le développement théorique d'un processus conceptuel prend une forme complexe, une forme selon laquelle les propriétés d'un système d'éléments ne sont pas simplement les propriétés de ces éléments. C'est cette action qui s'aperçoit dès que l'on tente d'user de nouveaux modèles pour interpréter les phénomènes et les processus biologiques. Ce n'est qu'avec l'aide de ces nouveaux modèles en effet *que nous parvenons à nous approcher davantage de ces processus*. Tel est le signe, selon nous, qu'ils sont réels, même si c'est par le prisme déformé de nos modèles que nous appréhendons cette réalité.

Ensuite ? me demandera-t-on encore. Qu'est-ce que la vie ? Dois-je avouer que je trouve la question mauvaise et mal posée ? Je voudrais qu'on en finisse avec ce type de questionnement essentialiste. *La vie en effet n'est rien*. C'est là un des éléments fondamentaux que j'ai retenu de ma lecture de Bergson. Mieux vaut se demander : *d'où vient la vie ? que devient la vie ?* C'est ce que j'ai essayé d'indiquer dans ce petit travail. Je suis tombé sur plusieurs conclusions.

L'hétéro-organisation

La réponse à ces questions nous a d'abord obligé à accepter que la vie n'est pas seulement le résultat systémique d'un processus émergent, ou encore, comme on le dit parfois, auto-organisé. Pour aborder le problème des origines de la vie, il faut commencer par constater que ce problème surgit, dès

1. I. Stengers, *Cosmopolitiques, op. cit.*, chap. VI, p. 204.

que l'on cesse de vouloir réduire un système biologique à l'ensemble de ses contraintes internes.

Un système biologique est défini par ses limites, par le fait que des contraintes externes à un système *initialement* physique agissent sur la caractérisation de ce système. C'est ce qui se produit, dès que nous constatons qu'il n'y a pas de vie sans métabolisme, sans brisure d'un équilibre initial, et sans échange de matière et d'énergie avec l'extérieur.

L'évolution d'un système biologique est définie par ses limites. C'est ce qui donne tout son sens pour nous à l'hypothèse de sélection naturelle en théorie de l'évolution. La différence fondamentale avec l'époque de Darwin réside, non pas dans l'usage des probabilités et du hasard, mais plutôt dans l'obligation de constater que l'évolution d'un système biologique obéit aussi à des contraintes internes. Il n'est pas qu'un simple ensemble de variations aléatoires sur lesquelles des contraintes externes s'appliquent. Telle est pour nous la leçon des tentatives de modélisation déjà anciennes de S. Kauffman. Un système biologique n'est pas limité par accident. Si nous passons d'un organisme à la biosphère, nous ne passons pas du fini à l'infini ou au non limité du dehors. *Un système biologique est limité par nature*, que nous ayons affaire à un organisme, ou à la biosphère. Il y a toujours un « milieu » à intégrer dans l'analyse du système.

Les contraintes flexibles

Elle nous a également obligé à admettre, qu'il n'y a pas de reproduction, de développement, de vieillissement et d'évolution sans gènes. Pas de Dieu, d'accord, mais il reste quand même des gènes. Les concepts de gène et/ou de génome ont la vie dure. Le gène est là depuis cent ans et il ne disparaîtra pas aussi aisément. Il a simplement fondamentalement changé de sens. Pourquoi a-t-il la vie si dure ? Voilà ma réponse, forcément imparfaite et insuffisante. Sous la notion de gène, il y a ces notions de plan et d'instruction. Le gène n'est pourtant pas pour moi une simple contrainte logique qui émerge dans un système physique. Il est quand même quelque chose qui s'apparente à cela. Assimiler le gène (ou le génome) à un programme ou à un système d'automates définis par des contraintes logiques, ce n'est pas simplement le penser à partir d'un modèle informatique. Il y a *une mise en abîme interne* qui s'effectue ici en biologie. On peut en effet parler d'un programme d'ordinateur comme d'un outil à partir duquel on peut produire certaines simulations. *Mais le programme ou le système, le réseau d'éléments logiques n'est plus l'outil qui permet d'analyser ou d'interpréter la nature. Il apparaît à l'intérieur de la nature elle-même, comme une entité réelle.* C'est cette assimilation que nous avons vu à l'œuvre dans la formule de Schrödinger. La molécule qui contient les plans de la cellule. Il y a quelque chose comme une représentation objective et effectrice d'un processus naturel à l'intérieur d'un élément intégré dans ce processus. Dans une telle logique, il devient évidemment moins absurde de considérer ensuite *nos propres représentations mentales* comme des processus biologiques, même si elles sont en même temps intentionnelles et vécues.

Or ces contraintes logiques et symboliques sont ce que j'appellerai des *contraintes flexibles*. Elles valent par ce dont elles viennent et par ce qu'elles font au sens où elles peuvent même être modifiées par ce qu'elles font. Il n'y a pas de contradiction d'abord à affirmer qu'elles émergent, 1) des contraintes internes et des propriétés auto-organisationnelles, 2) du fait que les systèmes biologiques sont définis par leurs limites et que les contraintes internes ne suffisent pas à les caractériser. 3) C'est ce qu'elles font qui donne alors à ces contraintes du sens, au point de conduire à la modification, soit de l'application de ces contraintes, soit de ces contraintes elles-mêmes. Voilà pourquoi je vois le gène comme un effet émergent d'un système physique complexe, mais également comme l'effet de ce qu'il fait. Le gène qui code pour la synthèse de l'élastine est l'effet de ce qu'il fait dans un système. Les changements que connaît ce système induisent alors également un changement de la *signification* que peut avoir le gène dans ce système, mais également *du gène lui-même comme entité physique*. Voilà pourquoi il est si important de noter que personne ne défendrait plus aujourd'hui l'idée que les mutations génétiques sont simplement le fruit du hasard. Elles sont stochastiques, sans aucun doute. Mais cette stochasticité est elle-même prise dans des processus dynamiques que les nouveaux modèles mettent de plus en plus clairement en valeur, concernant le développement, le vieillissement et le cancer.

La causalité descendante

Il me semble enfin que l'approche des phénomènes biologiques nous conduit à modifier notre compréhension du lien entre explication scientifique et causalité. Le concept de « *causalité descendante* » ne conduit notamment plus nécessairement à un cercle vicieux. Il faut distinguer en effet ce qu'un système d'objets était à l'instant t_1 et ce qu'il est devenu à l'instant t_2. Les propriétés systémiques émergeant à l'instant t_2 modifient la description que nous avions de ce système en t_1, et peuvent même du coup également modifier la description de chacune des propriétés et des relations propres à certains éléments de ce système, dans certaines circonstances que l'on peut étudier, voire simuler ou modéliser.

Nous pouvons aussi éclairer par là le problème de l'articulation entre biologie et physique. Il est évident en effet que l'analyse des systèmes dissipatifs loin de l'équilibre peut aider à comprendre comment les propriétés fondamentales des organismes vivants apparaissent, notamment le métabolisme, mais peut-être aussi la réplication et le couplage des deux, comme le suggère Kauffman. Mais, si notre hypothèse est bonne, l'émergence de la réplication, de la compartimentation cellulaire, puis de la transcription et de la traduction, modifie profondément en retour l'analyse des systèmes d'objets qui ne possédaient pas ces propriétés au départ. Le physicien ne peut pas faire comme si ces modifications n'existaient pas, ou comme si elles n'étaient que des épiphénomènes.

TEXTES ET COMMENTAIRES

TEXTE 1

ERWIN SCHRÖDINGER
Qu'est-ce que la vie ?, chapitre 1 *

Le mode d'attaque du sujet par le physicien classique

1) La question vaste, importante et très discutée, est la suivante :

Comment peut-on expliquer à l'aide de la physique et de la chimie les événements qui se produisent dans *l'espace et dans le temps* dans les limites spatiales d'un organisme vivant ?

La réponse préliminaire que ce petit livre s'efforcera de développer et de démontrer peut-être condensée comme suit :

L'incapacité évidente de la physique et de la chimie actuelles de rendre compte de pareils événements n'est nullement une raison pour douter de la possibilité pour ces deux sciences d'en donner un jour l'explication…

2) Aujourd'hui, grâce aux travaux ingénieux des biologistes et surtout des généticiens pendant les trente ou quarante dernières années, on connaît suffisamment la structure matérielle véritable des organismes et leur fonctionnement, pour énoncer et développer avec précision la raison pour laquelle la

* Paris, Christian Bourgeois, 1986.

physique et la chimie actuelles sont impuissantes à rendre compte de ce qui se passe dans le temps et dans l'espace au sein d'un organisme vivant.

Les arrangements des atomes dans les parties les plus vitales d'un organisme et leurs réactions réciproques se différencient d'une manière fondamentale de tous les arrangements d'atomes qui ont été, jusqu'à ce jour, l'objet des recherches expérimentales et théoriques des physiciens et des chimistes.

3) Et pourtant cette différence, que je viens d'appeler fondamentale, est d'une telle nature qu'elle pourrait aisément apparaître comme superficielle à tout autre qu'un physicien pénétré de la certitude que les lois de la physique et de la chimie sont entièrement statistiques. Car c'est du point de vue statistique que la structure des parties vitales des organismes vivants diffère intégralement de celle de toute autre espèce de matière que nous, physiciens et chimistes, avons jamais manipulées physiquement devant nos laboratoires ou mentalement devant notre table de travail. Il est quasi impossible d'imaginer que les lois et les régularités découvertes de cette façon pourraient s'adapter immédiatement au comportement de systèmes qui n'exhibent pas la structure sur laquelle ces lois et ces régularités sont fondées. On ne peut attendre de quelqu'un qui n'est pas physicien, de saisir – et encore moins d'apprécier la pertinence de la différence de « structure statistique » exprimée en termes aussi abstraits que ceux que je viens d'employer.

4) Afin de donner vie et couleur à mon exposé je me permettrais d'anticiper sur ce qui sera expliqué en plus amples détails dans la suite, notamment que la partie la plus essentielle d'une cellule vivante – la fibre chromosomique – peut être qualifiée avec à-propos de *cristal apériodique*. On n'a jusqu'ici eu affaire en physique qu'à des *cristaux périodiques*. Aux yeux d'un simple physicien, ce sont là des objets très intéressants et compliqués : ils constituent l'une des structures matérielles les

plus fascinantes et les plus complexes par lesquelles la nature inanimée intrigue son esprit. Et pourtant, comparés aux cristaux apériodiques, ils sont plutôt simples et banaux. La différence de structure est de la même espèce que celle qui existe entre un papier peint vulgaire, où l'on retrouve, reproduit indéfiniment, avec une périodicité régulière, un motif unique de décoration, et un chef d'œuvre de broderie, par exemple une tapisserie de Raphaël, qui n'offre à la vue aucune répétition mais met en valeur un dessin minutieux, cohérent et plein de signification, composé par le maître éminent.

Le mécanisme héréditaire

5) Nous sommes arrivés ainsi à la conclusion qu'un organisme et tous les processus biologiquement appropriés dont il est le siège, doivent posséder une structure extrêmement « polyatomique » et être protégés vis-à-vis d'événements « mono-atomiques » n'obéissant qu'à la loi du hasard et dont l'influence pourrait devenir trop importante. Le « physicien ingénu » nous assure que cela est essentiel pour que l'organisme puisse, en quelque sorte, s'appuyer sur des lois physiques suffisamment exactes pour mettre en marche son mécanisme merveilleusement régulier et parfaitement ordonné. Comment ces conclusions déduites « *a priori* », biologiquement parlant (c'est-à-dire en se plaçant au point de vue purement physique), cadrent-elles avec les faits biologiques réels ?

6) Au premier abord on incline à croire que les conclusions sont plutôt banales. Un biologiste d'il y a une trentaine d'années environ aurait pu dire que, s'il était tout-à-fait approprié pour un conférencier populaire de mettre l'accent sur l'importance de la physique statistique dans l'organisme comme ailleurs, ce point de vue n'était guère qu'un truisme familier. Car naturellement, non seulement le corps d'un indi-

vidu adulte de n'importe quelle espèce supérieure, mais encore chacune des cellules isolées qui le composent, contient un nombre « cosmique » d'atomes isolés de toutes sortes. Et chaque processus physiologique particulier que nous observons, soit à l'intérieur de la cellule, soit dans ses réactions avec le milieu environnant, apparaît – ou plutôt apparaissait il y a trente ans – comme faisant intervenir des nombres tellement énormes d'atomes et de processus atomiques isolés que toutes les lois physiques ou physico-chimiques applicables seraient sauvegardées même en tenant compte de la demande très exigeante de la physique statistique en ce qui concerne les « grands nombres », demande qui vient d'être illustrée par la règle $\sqrt{n}$.

7) Nous savons à présent que cette opinion eût été une erreur. Comme nous allons le voir maintenant, des groupes incroyablement petits d'atomes, beaucoup trop petits pour se conformer à des lois statistiques exactes, jouent un rôle dominant dans les événements très bien ordonnés et réglés qui se produisent à l'intérieur d'un organisme vivant. Ils contrôlent les macro-caractères observés que l'organisme acquiert au cours de son développement ; ils déterminent des caractéristiques importantes de son fonctionnement, tout en obéissant à des lois biologiques très subtiles et très rigoureuses...

8) J'utiliserai le terme « modèle » d'un organisme dans le sens où le biologiste parle du « modèle à quatre dimensions » entendant par là, non seulement la structure et le fonctionnement de l'organisme adulte ou à tout autre moment particulier de son évolution, mais encore l'ensemble de son développement ontogénétique depuis l'ovule fécondé jusqu'à son stade de maturité, alors que l'organisme commence à se reproduire.

Or il est établi que ce modèle intégral à quatre dimensions est fixé par la structure de cette seule cellule, l'ovule fécondé. En outre, nous savons qu'il est essentiellement déterminé par la structure d'une petite portion seulement de cette cellule, son noyau.

9) Dans « l'état quiescent » normal de la cellule, ce noyau apparaît habituellement sous la forme d'un réseau de chromatine, réparti au travers de la cellule. Mais au cours des processus d'importance vitale pour la division cellulaire (mitose et meïose, voir ci-dessous), il s'avère consister en un « jeu » de particules, généralement en forme de figures ou de bâtonnets, qu'on appelle chromosomes, et qui sont au nombre de 8 ou 12 ou 48, comme chez l'homme. Mais il eût été préférable d'écrire ces nombres représentatifs sous la forme 2x4, 2x6, …, 2x24, …, et j'aurais dû parler de deux « jeux » en vue d'utiliser l'expression avec l'acception habituelle du biologiste. En effet, quoique les chromosomes isolés se distinguent et s'individualisent parfois par leur forme et leur grosseur, les deux « jeux » sont presque complètement identiques. Comme nous le verrons dans un instant, un des jeux provient de la mère (de l'ovule), l'autre du père (du spermatozoïde fécondant.) Ce sont ces chromosomes, ou peut-être seulement un squelette fibreux axial de ce qui nous apparaît au microscope comme le chromosome, qui contiennent sous la forme d'une espèce de code, le modèle intégral du développement futur de l'individu et de son fonctionnement dans l'état adulte. Chaque jeu complet de chromosomes renferme le code intégral ; de sorte qu'il y a en général deux exemplaires de ce dernier dans l'ovule fécondé, formant le stade initial du futur individu.

10) En donnant à la structure des fibres chromosomiques le nom de code, nous entendons signifier que l'esprit omniscient conçu un jour par Laplace, et pour qui tout rapport causal serait immédiatement déchiffrable, pourrait immédiatement déduire de cette structure si l'œuf, placé dans des conditions convenables, se développerait en coq noir ou en poule tâchetée, en mouche ou plante de maïs, rhododendron, scarabée, souris ou

femme. Nous ajouterons encore que les aspects des ovules sont très souvent remarquablement similaires ; et même quand ils ne le sont pas, comme c'est le cas pour les œufs comparativement gigantesques des oiseaux et des reptiles, la différence ne tient pas tellement dans les structures correspondantes que dans la nature des matériaux nutritifs qui, dans ces cas-là, y sont ajoutés pour des raisons évidentes.

11) Mais le terme de code est bien entendu, trop étroit. Les structures chromosomiques servent en même temps à réaliser le développement qu'elles symbolisent. Ils sont le code de loi et le pouvoir exécutif – ou, pour employer une autre analogie, ils sont à la fois le plan de l'architecte et l'œuvre d'art de l'entrepreneur.

COMMENTAIRE

1) Nous voulons ressaisir d'une double manière l'angle d'attaque du problème que propose Schrödinger, lorsqu'il pose la question : « qu'est-ce que la vie ? ». Cette question peut paraître étrange pour un philosophe quand elle vient dans la bouche d'un physicien. N'est-ce pas plutôt une question de métaphysique ? Ne faut-il pas opposer la connaissance du vivant à la philosophie de la vie ? Le vivant a un certain nombre de propriétés que l'on commence à connaître avec une certaine précision au milieu du XXe siècle, Schrödinger va rappeler certaines d'entre elles dans son petit livre. Mais s'interroger sur celles-ci sans se préoccuper de savoir ce qui fait qu'un corps naturel est *vivant*, c'est tourner en rond. Il ne suffit pas de savoir que les organismes se reproduisent, que les cellules se divisent et qu'elles contiennent des mitochondries et des chromosomes. Il ne suffit pas de mieux comprendre les cycles biochimiques de la respiration cellulaire, ni d'étudier l'étrange capacité des rayons X à engendrer des mutations héréditaires. Il faut aussi se demander *ce qui fait qu'une pierre ne se reproduit pas*. Un biologiste peu soucieux de préoccupations théoriques peut ignorer cette question, mais pas un physicien de la trempe de Schrödinger. Rappelons qu'il est l'un des – sinon le – grands théoriciens de la mécanique ondulatoire, celui qui écrit l'équation de la fonction d'onde. Quand on

applique un opérateur mathématique à cette fonction, les valeurs propres de cet opérateur sont les niveaux d'état énergétique discontinus d'un atome, ses états *quantiques*. Prenons les pierres, prenons même des marnes ou de l'argile : ce sont des cristaux. Ce ne sont pas des gaz. Il y a une différence fondamentale entre un cristal et un gaz : le premier *va croître en conservant la même structure*. Nous ne pouvons pas comprendre ce phénomène de croissance à l'échelle du gaz. Mais le cristal *ne se reproduit pas*. Il ne fait que croître.

Il ne s'agit d'expliquer d'abord « qu'avec l'aide de la physique et de la chimie » ce qui se produit dans l'espace et le temps pour un système confiné dans « les limites spatiales d'un organisme vivant ». Tel est l'angle d'attaque. N'est-il pas possible par des moyens purement physiques d'expliquer cette étrange disposition à se reproduire caractéristique des organismes vivants ? Si tel est le cas, *nous allons fournir une explication naturaliste de la vie*. La science va pouvoir *interroger la vie dans ses laboratoires*. En partant d'une telle approche, l'auteur s'inscrit en faux contre ce qui est au centre même de la vision positiviste de la nature : celle que l'on trouvait déjà chez Auguste Comte et que l'on retrouve chez les théoriciens actuels de la survenance que nous évoquions. Selon cette vision, il y a différents niveaux d'explication de la réalité en science *et on ne peut pas les réduire les uns aux autres, on peut simplement les mettre en ordre*. Contrairement à ce que l'on pense souvent, les positivistes ne sont pas réductionnistes. Leur vision paresseuse d'une hiérarchie de niveaux d'explication de la réalité nous interdit néanmoins de comprendre « comment » des propriétés biologiques peuvent apparaître. Ce n'est pas la position de Schrödinger. *C'est du point de vue du physicien qu'il va se situer dans toute son argumentation*. Le physicien doit tenter de fournir une explication de la propriété, ou de la disposition à vivre. Entendons ici par « disposition » quelque chose comme ce que les Modernes appelaient « qualités premières », une qualité essentielle à partir de quoi on peut expliquer comment d'autre qualités apparaissent ou disparaissent d'une manière quantifiable et formalisable. La vie est donc une disposition, comme l'attraction universelle, par exemple, et elle ne va pas échapper au savant. Le fait qu'elle soit vécue par chacun d'entre nous n'est pas un problème. Cette dimension subjective de la vie que nous retrouvons dans la pensée humaine par exemple va peut-être devenir elle-même explicable pour celui qui analyse de près les mécanismes d'horlogerie de la nature. C'est du moins le *credo* du physicien. Nous allons voir paradoxalement que l'analyse des phénomènes naturels biologiques nous *rapproche du monde de la pensée et de l'esprit, un monde hautement ordonné*.

Mais que faut-il entendre par expliquer? *Simplement d'abord qu'il faut porter une attention particulière à certaines régions de la physique*. Malgré les apparences, *il ne s'agit pas d'ajouter une loi supplémentaire en physique*. La question de la vie n'est donc pas liée à l'idée qu'il manquerait une loi en physique, ni non plus à l'idée que les phénomènes biologiques ont une date de naissance, qu'ils sont temporels et historiques. L'auteur ne se préoccupe pas du tout de cette question. Les lois de la physique sont éternelles et universelles pour lui. Elles ne sont que l'expression du langage de Dieu et elles sont tout. Pourtant, nous allons le voir, même si nous n'avons besoin que des lois de la physique pour comprendre la vie, *cela ne suffit pas*. Si nous prenons en compte la vie, nous n'allons pas le faire à l'échelle de la nature, *mais « dans les limites spatiales d'un organisme vivant ». Tel sera notre nouveau monde, notre nouvel univers*. Nous n'allons donc pas trouver de nouvelles lois. Mais qu'allons nous donc bien trouver alors? D'où viennent ces contraintes supplémentaires que nous évoquions? Les lois ne suffisent plus. *Il nous faut un modèle* (*pattern*).

2) Le second paragraphe avance une thèse : il y a une « différence fondamentale » entre les arrangements d'atomes en biologie et en physique. Elle va être précisée dans la suite du chapitre. Elle sert à écarter « l'approche naïve du physicien en biologie », c'est-à-dire l'approche statistique. Schrödinger fût l'élève de Boltzmann qui développait une approche réductionniste en thermodynamique.

Rappelons que la thermodynamique est l'étude des changements d'état de la matière. Prenons quelques exemples. Pourquoi un morceau de glace peut-il fondre au voisinage de O° Celsius sans augmenter la température de l'eau ? C'est que les concepts de chaleur et de température ne sont pas synonymes. Comment expliquer que si nous gonflons lentement un ballon avec de l'air, les bords du ballon ne s'échauffent pas ? La première loi de la thermodynamique nous montre qu'il peut y avoir un échange de chaleur et de travail *sans augmentation de la température*.

La seconde loi est encore plus étrange. Elle dit par exemple que si nous utilisons de la chaleur (une chaudière) pour effectuer un travail (pousser un piston) et que si nous imaginons un système cyclique avec une source chaude et une source froide, ce système va fonctionner de plus en plus mal pour des raisons qui ne tiennent pas à des interactions avec le milieu extérieur, mais qui sont *internes* au système. Celui-ci va se transformer inexorablement et perdre de sa capacité à fournir de l'énergie mécanique. C'est cette transformation que l'on nomme « *entropie* ».

Boltzmann fournit une interprétation de cette transformation, mais dans des conditions extrêmement restrictives. Prenez un gaz parfait *enfermé* dans une enceinte. L'une des cloisons de l'enceinte est un piston. Imaginez que tous les atomes constituant ce gaz vont dans la même direction celle de la cloison qui coulisse (le piston). Ils vont pousser celui-ci sur une certaine distance. Ils vont effectuer *un travail*. Voilà ce que dit l'interprétation statistique de l'entropie : supposons que les atomes se choquent *selon les lois du hasard*. Nous pouvons le supposer, car nous ne connaissons pas leur trajectoire individuelle. Il faut juste admettre qu'ils *n'interagissent pas* les uns avec les autres. Si cette hypothèse est juste, leur répartition et la direction de leur mouvement *va devenir de plus en plus aléatoire*. L'état d'équilibre est atteint quand chaque atome peut se situer n'importe où dans l'enceinte avec n'importe quelle direction. Il est évident alors qu'ils pousseront avec beaucoup moins d'efficacité la paroi qui coulisse, puisqu'ils n'iront pas dans le même sens. L'entropie n'est rien d'autre que le désordre moléculaire ou atomique et elle se manifeste par le fait que la capacité du système à produire du travail est progressivement perdue et remplacée par de la chaleur. La température est l'agitation moléculaire qu'il ne faut donc plus confondre avec la chaleur. Notre gaz parfait obéit donc à une loi de transformation purement statistique. Les principes de la thermodynamique semblent pouvoir être réduits aux lois de la mécanique statistique. C'est pourtant ce type de réduction que Schrödinger conteste pour des raisons qui se comprennent aisément. Un système biologique ne ressemble pas à un gaz enfermé dans une enceinte. C'est un système ouvert. *Il échange de l'énergie et de la matière avec l'extérieur*. Et les éléments de ce système *ne sont pas de simples atomes*. Il y a une distinction fondamentale supplémentaire qu'il faut faire : celle entre *les gaz et les solides*. Nous allons examiner de plus près cette distinction dans la suite. *Il suffit donc de se placer à l'intérieur de la physique pour refuser la réduction proposée par Boltzmann*. Elle ne permet d'interpréter correctement qu'une classe déterminée de phénomènes naturels.

3) Après avoir avancé dans le paragraphe précédent une thèse qui permet à l'intérieur même de la physique de critiquer

l'approche réductionniste de la mécanique statistique, l'auteur ajoute une importante précision d'ordre épistémique (§ 3): *pour qui cette thèse est elle fondamentale ?* Pour le physicien et non pour le sens commun à qui cette différence apparaîtra comme « superficielle ». C'est cela qu'il faut à présent éclaircir. Le physicien observe des régularités et des propriétés des atomes. Elles sont essentiellement d'ordre statistique. Si donc on s'imagine à présent *que l'esprit a comme support une structure physico-chimique* hautement ordonnée, il va spontanément y avoir un divorce entre les représentations subjectives que l'esprit se fait de la nature et les représentations objectives que le physicien obtient dans son laboratoire. Ainsi nous pouvons comprendre que si le sens commun est réfractaire aux abstractions des physiciens, *c'est précisément parce que l'esprit humain est lié à notre constitution biologique hautement ordonnée*. En expliquant la vie, *nous allons nous rapprocher à nouveau du sens commun au lieu de nous en éloigner*.

4) Dans le dernier paragraphe du premier extrait (§ 4), le physicien va expliquer une première fois en quoi consiste cette différence fondamentale que nous évoquions. Ce qu'il énonce alors va avoir une portée immense à la fois sur le plan scientifique et sur le plan épistémologique. Il s'agit à la fois de dire en quoi consiste la vie et en même temps d'affirmer que la vie a comme support physique *une simple molécule*. C'est la question du support physique de la vie qui est examinée ici. Cette molécule est « un cristal apériodique ». Il faudra attendre seulement une dizaine d'années pour découvrir expérimentalement que cette hypothèse de Schrödinger est au moins partiellement juste. C'est une hypothèse de *biologie théorique* exprimée avec le seul secours d'un papier et d'un crayon. Quelle leçon pour les expérimentalistes! Nous affirmons en effet que personne ne va formuler mieux que Schrödinger le

contenu conceptuel fondamental de ce qui va devenir peu de temps après une nouvelle science : la biologie moléculaire.

Nous voyions en effet ici très clairement ce qui le nourrit : la distinction entre solide et gazeux et *l'analogie entre l'état solide et les liaisons fortes entre les atomes composant une structure moléculaire stable qui ne sont pas susceptibles de subir des fluctuations stochastiques importantes*. Cette analogie peut trouver une partie de son fondement théorique dans certains aspects de la mécanique quantique. Elle n'est donc pas étrangère à la physique.

Nous voyons aussi qu'il y a un lien évident entre les idées de l'auteur et la manière dont les biologistes moléculaires vont définir *la spécificité et la régulation*. La seule différence réside dans l'abandon de la notion de liaison forte. L'interaction stéréospécifique entre un enzyme et son substrat est considérée par la biologie moléculaire comme purement spatiale. Elle ne fait pas intervenir des partages d'orbitales électroniques. Elle demande un très faible échange d'énergie. Mais l'idée de spécificité, c'est le *modèle clé-serrure*, c'est l'idée que le site régulateur ou catalytique d'une protéine est *parfaitement adapté* à celui de son substrat. C'est l'idée d'*un mécanisme d'horlogerie* sans intervention d'aucun effet stochastique. Nous savons aujourd'hui que cette idée est largement fausse. Mais elle va devenir pendant cinquante ans l'un des dogmes de la biologie moléculaire classique.

Pourquoi évoquer alors un cristal apériodique ? Là est le trait de génie. L'auteur ne dispose en effet d'aucun indice expérimental pour avancer cette hypothèse qui s'avèrera parfaitement juste, lors de la découverte de la structure en double hélice de l'ADN en 1953. Il faut faire un petit détour par la théorie de l'information alors naissante pour le comprendre. Reprenons notre gaz parfait. Imaginons qu'un petit démon trouve un système pour localiser chaque atome. L'information du démon est l'envers symétrique de l'entropie du système. Léon Brillouin nommera cela la « néguentropie ». Nous voyons qu'une structure cristalline est déjà très ordonnée, puisque la même forme se répète. Mais avec le cristal imaginé par Schrödinger, *la même apériodicité va se répéter. Une telle structure est donc incroyablement ordonnée*. Nous savons que la suite apériodique des décimales du nombre Π n'est pas une suite aléatoire, mais au contraire entièrement déterminée par le rapport entre le rayon d'un cercle et sa circonférence. Imaginons maintenant un cristal capable d'itérer indéfiniment la même suite ! Cette idée a un sens biologique immédiat sur lequel nous allons revenir en analysant les paragraphes suivants. Ne peut-on pas interpréter *la reproduction* comme une propriété trouvant sa source dans la répétition, la *réplication d'une même apériodicité* ?

5) Quel est d'abord le « mécanisme merveilleusement régulier » que l'auteur évoque (§ 5) ? Nous voyons qu'il a comme support « des groupes incroyablement petit d'atomes » (§ 7). Sans préjuger de la nature de ce mécanisme examinons le raisonnement biologique qui permet à l'auteur de parler de tels groupes d'atomes. Il est tout entier fondé sur un concept fondamental de la biologie : le gène.

Reprenons d'abord les lois fondamentales de la génétique mendélienne. Prenons une mouche. Elle a des ailes longues. Supposons qu'il y a un gène qui gouverne la longueur de l'aile. Un *caractère* « aile longue » ou phénotype pur est exprimé à partir d'un génotype *homozygote* (deux fois le même gène). Supposons que (aa) commande « ailes longues ». C'est la forme sauvage. Maintenant la forme mutée (AA) commande « ailes courtes ». C'est un autre génotype homozygote qui exprime un autre caractère pur. On croise deux mouches de types distincts. À la deuxième génération on obtient un hybride, commandé par un génotype hétérozygote : (aA). Puis on croise ensemble des hybrides et on regarde ce qui se passe à la troisième génération. Si on suppose que les recombinaisons se font au hasard, on doit avoir une répartition de probabilité suivant la loi $(a+A)^2$. C'est bien ce que le calcul statistique permet de vérifier, quand les caractères sont mendéliens.

Ces suppositions n'ont de sens que si les mêmes gènes reviennent d'une génération à une autre de mouches. Il faut donc qu'il existe – et c'est la supposition la plus fondamentale – *un même stock de gènes gouvernant tous les caractères déterminant une « espèce » de mouches*. Imaginons qu'il y en a 20000. La reproduction sexuelle n'est alors rien d'autre *que l'exploration de toutes les combinaisons possibles de ces gènes*.

Certes, tout cela n'est que pure spéculation… Pas tout à fait cependant. Il existe bien des caractères mendéliens (même s'ils sont rares). Leur présence est expérimentalement attestée dès le début du XXe siècle. Et *les mécanismes de la division des cellules sexuelles et de leur recombinaison durant la fécondation sont également connus depuis le début du XXe siècle*. La moitié de l'information est perdu lors de la division, elle est reconstituée lors de la recombinaison. On peut donc parier avec une certaine probabilité de succès *que le même stock de gènes est conservé au sein d'une espèce vivante*. C'est le pari qu'accepte le physicien allemand.

Mais qu'est-ce alors qu'un gène? Les expériences sur les mutations génétiques induites par les rayons X (Müller, Delbrück) *attestent bien que le gène est constitué d'un très petit nombre de molécules*. Si les mêmes gènes reviennent au cours de la fécondation, c'est donc bien qu'il existe là *un mécanisme d'une incroyable précision*.

6) Prenons un peu de recul alors. Le retour de ces mêmes molécules avec un nombre très faible de mutations (on suppose à cette époque qu'il est de 10^{-9}) suppose que ce mécanisme

viole la loi des erreurs. Selon cette loi statistique en effet, plus le nombre de gènes est petit et plus le nombre de mutations doit être proportionnellement important (un pour cent pour dix mille). Tel n'est pas le cas. Une espèce semble en effet conserver son patrimoine génétique. Ce comportement suppose en effet que la vie viole allègrement la loi d'augmentation croissante de l'entropie. Les atomes constituant les gènes ne tendent pas à se disperser au hasard. L'auteur a une double explication strictement physique de ce phénomène qui n'est pas du tout absurde.

D'une part les gènes sont enfermés dans le cristal dont l'apériodicité est *répliquée* au cours de la reproduction. C'est donc vers la chimie du cristal qu'il faut se tourner et plus profondément vers la physique des interactions fortes entre les atomes. Mais d'autre part il existe une autre loi célèbre en thermodynamique, l'enthalpie. Expliquons la. Si on fait fondre un solide, son entropie augmente selon une quantité égale au quotient de la « chaleur de fusion » par la Température absolue[1]. À un point limite donc qui définit justement la température absolue, l'entropie devient nulle. Les corps qui se situent près de ce point de limite n'obéissent plus à l'évolution statistique du gaz de Blotzmann. On peut supposer qu'à une distance proche de cet état la structure régulière d'une molécule, voire d'un mécanisme, est conservée. C'est ce que fait notre physicien. Il note que la vie n'est possible que selon certaines conditions de température.

Nous savons aujourd'hui que c'est faux. Les bactéries à souffre au fond de l'océan prospèrent très bien tout près des sources chaudes. Mais l'hypothèse est audacieuse. Elle a d'importantes conséquences théoriques : *la biologie molécu-*

1. $\Delta S \geq \Delta Q/T$.

laire naissante va longtemps tourner le dos à l'analyse des structures thermodynamiques loin de l'équilibre et à la biochimie des cycles et des réactions auto-catalytiques. Il faudra attendre les travaux de Manfred Eigen pour qu'elles reprennent de l'importance. *L'idée théorique de Schrödinger va être à l'origine de grandes découvertes, mais elle va longtemps aussi freiner la possibilité d'autres grandes découvertes* révélant que la clé de la vie n'est pas du côté de l'enthalpie et de « l'ordre par l'ordre », mais plutôt du côté de « l'ordre par le bruit ».

7) Épistémologiquement, nous commençons à distinguer le nouveau réductionnisme qui se met en place avec Schrödinger. Non seulement les secrets de la vie sont bien dans les gènes, mais les gènes ont comme support physique des grosses molécules composant un cristal apériodique. Nous voyons aussi les défauts de ce réductionnisme. Puisque cette notion de gène repose sur l'application directe de certaines lois de la physique, la réplication des gènes n'est rien d'autre qu'un mécanisme. De cette manière les principes qui gouvernent ce mécanisme sont aussi éternels et atemporels que ceux qui gouvernent le mouvement des astres dans le système solaire. Rien là-dedans ne permet d'expliquer comment la vie peut paraître. Il n'est même pas nécessaire de supposer que la vie a une origine.

8) Nous arrivons alors au passage central de notre extrait de texte (§ 8-11). Il ne s'agit plus simplement ici de décrire la molécule de la vie, le gène. Il faut comprendre comment on passe de l'idée d'une molécule de la vie (un cristal constitué par une structure apériodique d'éléments) à l'idée de gène. Il faut comprendre *quelle fonction remplit cette structure moléculaire et le lien entre la structure et la fonction.*

9) Comprendre ? Ne vaudrait-il pas mieux dire expliquer ? Soit, mais l'explication ne va pas reposer sur des lois, *mais sur*

l'idée « d'un modèle à quatre dimensions » d'un « organisme » (*let me use the world « pattern » of an organism*). Nous le pressentions dès le premier paragraphe (§ 1). Ce modèle n'inclut pas seulement la structure spatiale de l'organisme, mais son *complet* développement. Nous avons là l'une des premières occurrences de l'idée que la biologie – y compris dans sa dimension théorique – repose sur des modèles et non pas sur des lois. Reste à savoir ici ce qu'il faut entendre par ce terme, et comment on passe ici de la notion de « pattern » à celle de « codescript » que l'on traduit très imparfaitement dans le texte français par le mot « code ». Schrödinger distingue en effet « microcode » et « codescript ».

L'expression de « pattern » est utilisée par les biochimistes à cette époque. Elle ne renvoie pas à la notion de « modèle » au sens mathématique de ce terme. Un modèle, c'est *une interprétation possible d'une structure axiomatique formalisée, comme celle de l'arithmétique, sachant qu'il y en a une infinité d'autres*. Par exemple il existe des modèles qui ne sont pas « isomorphes » à la suite des nombres entiers et qui satisfont pourtant les axiomes de l'arithmétique. D'une manière plus générale, donnons-nous une théorie T avec un certains nombres de propositions. Toutes les formes d'applications possibles de cette théorie qui n'infirment pas ces propositions fondamentales sont des modèles qui forment donc une classe plus large que la structure théorique elle-même. Il faut entendre par là qu'une théorie ne se réduit pas à ses lois ou propositions fondamentales. Celles-ci ne sont qu'une grammaire, une syntaxe, dont *on peut se servir de plusieurs manières différentes*, un peu comme on peut se servir des règles du jeu d'échec pour développer des stratégies plus offensives ou plus défensives. C'est possible tant que les règles du jeu *restent satisfaites*. La vérité de l'application d'une théorie tient simplement au pouvoir qu'elle a de satisfaire sa structure grammaticale fondamentale. On voit donc que si l'explication scientifique repose sur des modèles et non pas seulement sur des lois, *c'est qu'elle a un niveau sémantique qui n'est pas réductible à son niveau syntaxique*. C'est déjà un point épistémologique très important. On conçoit qu'il soit utile dans certains secteurs de la physique, comme la mécanique quantique.

Mais c'est de tout autre chose qu'il s'agit ici, dans l'esprit de Schrödinger. La notion de moule ne renvoie qu'à l'idée qu'une série d'exemplaires identiques peuvent être tirés d'un objet qui leur imprime sa forme. On voit bien ici que cette image ne convient pas. Le gène n'a pas *la forme de la cellule*. L'usage qui est fait ici de la notion de moule ne renvoie plus du tout au préformationnisme. C'est pourquoi le « moule » est en même temps un « codescript », *une suite d'instructions, un programme*.

10) Il existe en mécanique quantique un problème de la mesure. Mais ce n'est pas un problème pour la théorie quantique. Bien au contraire, *celle-ci inclut en elle une description des effets produits par l'appareil de mesure*. L'outil qui sert à représenter la réalité est intégré dans notre représentation théorique de la réalité. Il est *objectivé*. Ce n'est certes qu'un outil, mais le problème du rapport entre *la réalité*, notre *intervention sur la réalité* et *la représentation de la réalité* est déjà posé ici de manière complexe. Si notamment on use du terme de modèle, pour tenter de le comprendre, ce dernier n'a plus seulement un sens linguistique (énoncés, propositions), il a aussi un sens *technologique*.

Mais ce que décrit Schrödinger ici est encore plus énigmatique. Il est frappant qu'il ne fasse jamais référence dans son texte à la machine de Turing qui est (elle aussi) un modèle, mais au sens d'un objet technologique, un automate calculateur. Cet automate, on le sait, ne calcule rien s'il ne dispose pas d'instructions implémentées dans sa structure physique. Ces instructions sont faites pour accomplir des tâches par un calcul. Ces tâches sont purement symboliques : résoudre une opération ou une équation par exemple. Ces instructions prennent la forme de *contraintes logiques* servant à implémenter par exemple un opérateur arithmétique dans la machine. Le programme ne vaut pas que pour sa structure physique, mais aussi *pour les contraintes logiques* qui sont implémentées dans sa structure physique et qui lui permettent de symboliser un opérateur mathématique comme l'addition ou la soustraction. Ces contraintes logiques sont ce qui permet à la machine d'accomplir sa tâche symbolique, par exemple calculer combien font 7+5.

Prenons maintenant l'image du « codescript ». Nous supposons que le cristal apériodique a une structure physique, mais qu'il contient aussi des instructions, sous forme de contraintes logiques, pour accomplir une tâche qui n'est plus simplement symbolique : *le développement d'un organisme*. En quel sens pouvons-nous donc dire que le « codescript » est un *modèle* ? Parce que l'organisme contient, dans l'un de ses constituants (les chromosomes de ses cellules), la suite d'instructions logiques déterminant son développement. Il faut donc ici que *le développement de l'organisme soit déterminé entièrement, non plus par des contraintes physiques, mais par des contraintes logiques contenues dans l'un de ses éléments*. Cette idée est fantastique, au bord de la science-fiction. Il ne faut pas s'étonner que l'image du démon de Laplace arrive naturellement alors dans l'esprit de Schrödinger. Ce n'est rien d'autre que l'idée d'un tout qui est construit à partir d'un de ses éléments contenant en même temps sa description, son « plan » de construction. Notez que cette notion de « codescript » n'a rien à voir avec celle de machine ou de mécanisme. Il y a un mécanisme dans une machine, au sens de contraintes logico-techniques permettant à un objet d'accomplir une tâche artificielle : remonter l'eau d'un puits, faire de la musique, se déplacer d'un lieu à un autre. Mais ces contraintes définissent la structure de l'objet. Tout cela n'a rien à voir avec l'idée que cet objet dispose en lui d'un élément à l'intérieur duquel est stockée la suite de contraintes permettant à cet objet lui-même d'être fabriqué.

Les gènes sont des éléments du tout qui contiennent sa représentation, concept qui devient un problème, non plus en ce qui concerne l'usage par l'homme d'un appareil de mesure, mais *à l'intérieur même de la nature*, ainsi dotée de propriétés symboliques. Nous supposons en effet que la Nature est en mesure de produire des appareils dotés de capacités symboliques à l'image des ordinateurs fabriqués par l'homme. Ces suites d'instructions *ont un sens* en effet, un sens lié à la tâche qu'elles permettent d'accomplir et *qui n'a rien à voir directement avec le support physico-chimique dans lequel elles sont implémentées*. On pourrait imaginer d'autres machines de ce genre, fabriquées avec d'autres matériaux, et capables d'accomplir les mêmes tâches. Le Démon de Laplace n'est plus simplement une entité métaphysique symbolisant la possibilité d'une description de la Nature conçue comme un système entièrement décrit par la totalité de ses contraintes internes. Il devient une entité métaphysique présente *au sein de chaque cellule vivante*, le concepteur, le programmeur de cette suite d'instructions déterminant le développement de l'organisme.

TEXTE 2

HENRI ATLAN

La fin du tout génétique *

1) Revenons-en maintenant à l'ADN, pour poser les deux termes de l'alternative. Remarquons d'abord que celle-ci concerne non seulement le mode de fonctionnement des ADN, mais aussi celui du reste de la cellule. Considérer l'ADN comme un programme ou comme des données conduit à attribuer à la machinerie cellulaire des fonctions différentes. Si l'ADN est un programme, le réseau biochimique du métabolisme cellulaire va jouer un rôle d'interprétation du programme, puisqu'un « interpréteur » est toujours nécessaire pour lire et exécuter un programme. Par contre, si l'ADN joue le rôle de données, la machinerie cellulaire va jouer le rôle de programme, puisque des données doivent être traitées par un programme. En effet, la machinerie cellulaire dans son ensemble peut être vue comme un réseau de réactions biochimiques et de transports, qui fonctionne comme un programme distribué dans un ordinateur parallèle capable de traiter des données. Comme telle, la cellule est considérée comme une

* Paris, Inra Éditions, 1999.

« machine d'états », dont les propriétés principales sont les suivantes :

– l'état d'une cellule est l'ensemble des concentrations de ses constituants dans ses microcompartiments ;

– un réseau de réactions biochimiques et de transports déplace l'état de la cellule d'un état à un autre dans le temps ;

– l'activité des protéines – qui dépend de leur structure tridimensionnelle – est à la fois un déterminant et un effet de l'état cellulaire ;

– la mémoire est codée non seulement dans des structures statiques, mais aussi dans des états stables et dynamiques, normaux ou pathologiques, transmis lors des divisions cellulaires.

2) Disons-le tout de suite : la conclusion sera que la réalité se situe entre ces deux énoncés : il ne s'agit évidemment pas de remplacer la métaphore du programme génétique par celle des données génétiques, qui serait prise à son tour au pied de la lettre ! Ces deux métaphores ont toutefois un degré plus ou moins grand de vraisemblance selon les circonstances. Analysons donc les avantages et inconvénients respectifs des deux termes de l'alternative. Dans le premier cas, on admet classiquement que les ADN sont un programme qui est interprété et exécuté par le réseau métabolique de la cellule. Dans le second cas, les ADN sont des données et la machinerie cellulaire joue le rôle d'un programme distribué. Dans les deux cas, on doit se poser la question de la *portée*, c'est-à-dire du résultat produit.

3) Si les ADN sont un programme, le *domaine* traitable est l'ensemble des ADN qu'une cellule sera capable de lire et d'exécuter. La théorie des algorithmes établit que l'ensemble des programmes susceptibles d'être lus par un interpréteur constitue un domaine indéfini, car il est impossible de savoir à l'avance si un programme peut être exécuté ou non : il faut

essayer. La lecture d'un programme implique une liaison extrêmement étroite entre l'interpréteur et le programme et il est donc *a priori* assez peu probable que n'importe quel programme puisse être lu et interprété. Or on sait aujourd'hui que pratiquement n'importe quel ADN peut-être lu par n'importe quelle cellule, même s'il provient d'une tout autre espèce, à condition évidemment d'être présenté avec un support matériel adéquat. Quant à la *portée*, c'est l'ensemble de toutes les structures spécifiées par les différents programmes, puisqu'on a vu que c'est la partie programme qui définit la structure d'une classe. Si l'on admet que chaque ADN est un programme différent, de très nombreux programmes sont interprétés et exécutés, et un grand nombre de structures de classes différentes doit être produit.

4) Qu'en est-il si l'on admet maintenant que les ADN jouent un rôle de données ? Le programme étant dans ce cas réalisé par le réseau biochimique, le *domaine* traitable est l'ensemble des données acceptées par le programme. Ce domaine est extrêmement large puisqu'on sait qu'un programme est capable d'accepter n'importe quelles données, pourvu encore une fois qu'elles lui soient présentées avec un support matériel adéquat. Cette option correspond mieux à la réalité, qui montre que n'importe quel ADN peut être traité par une cellule. La machinerie cellulaire joue le rôle d'un programme « distribué ». Cette notion de programme distribué était difficile et même quasiment impossible à imaginer il y a trente ans, parce que l'informatique n'en était pas encore arrivée là. Aujourd'hui, on sait qu'il est possible de fabriquer des machines dont la structure est celle de réseaux.

5) Chaque élément du réseau est relativement simple, mais l'ensemble constitué par ces éléments interconnectés de différentes façons est capable d'avoir un fonctionnement qui peut reproduire, dans certaines conditions, celui d'un programme

d'ordinateur classique. Dans certains cas, ce réseau est même capable de performances supérieures à celles des programmes classiques. On peut y observer notamment des propriétés d'apprentissage, d'homéostasie, de mémorisation et d'auto-organisation, plus difficiles à modéliser par des programmes d'ordinateurs classiques.

C'est la raison pour laquelle les informaticiens s'excitent actuellement beaucoup sur cette programmation dite parallèle, qui prétend reproduire le fonctionnement d'un réseau neuronal, en réalité ultra-simplifié par rapport aux véritables réseaux neuronaux. Les algorithmes de calcul par « réseaux de neurones » simulent ainsi des réseaux dont la structure est celle de programmes distribués.

Comme on l'a vu, rien n'empêche de considérer que l'ensemble des réactions biochimiques et de transports dans la cellule constitue un tel réseau. Les propriétés computationnelles et la robustesse de réseaux biochimiques relativement simples commencent à être étudiées.

6) Si l'on admet que les ADN sont des données traitées par un tel programme distribué, quelle sera la *portée* ? Puisqu'elle est définie par la structure produite par le programme, la portée sera bien évidemment la même quels que soient les ADN fournis au système. Tel est en effet le cas : la structure des cellules et les grandes fonctions biologiques sont pratiquement les mêmes pour tous les organismes, les différences spécifiques étant produites par l'ADN, comme à l'intérieur d'une classe dont tous les éléments partagent la même structure, les différences spécifiques entre éléments proviennent des données différentes fournies au programme. Au total, ce terme de l'alternative (l'ADN comme données) semble donc, un peu mieux que l'autre (l'ADN comme programme), correspondre à la réalité observée.

7) Il n'est évidemment pas question pour autant de remplacer purement et simplement le modèle d'aujourd'hui classique de l'ADN programme par un modèle d'ADN données : nul ne songe à nier que la structure des gènes détermine celle du réseau de réactions biochimiques. La métaphore de l'ADN-données, si elle a l'intérêt de mettre en cause l'idée selon laquelle tout est génétique et d'introduire la nécessité de prendre en compte les interactions entre le génétique et l'épigénétique, ne saurait fonder à elle seule un modèle alternatif satisfaisant.

8) Ce que l'on observe résulte en fait, en raison des boucles du système, de la superposition de dynamiques correspondant à des échelles de temps différentes. Ainsi, l'état d'activité des gènes (les données) est modifié par l'état du réseau biochimique (le fonctionnement du programme), mais en retour, tout se passe comme si cet état modifié des ADN allait ensuite jouer le rôle d'un programme en modifiant à son tour la structure du réseau biochimique…

9) C'est la raison pour laquelle le modèle qui semble le plus proche de la réalité ne repose pas sur l'une de ces deux métaphores, mais sur une espèce de balancement de l'une à l'autre, à des échelles de temps différentes, constituant ce qu'avec Katchalsky nous avons appelé « un réseau évolutif », c'est-à-dire un réseau dont la structure change au fur et à mesure de son fonctionnement. Sur des durées courtes (quelques minutes à quelques heures), la machinerie cellulaire traite les données produites par les gènes actifs et atteint un état stable fonctionnel. Mais sur des durées plus longues (heures, jours ou plus), certains états stables du réseau modifient l'état d'activité différentielle des gènes. Ceci entraîne une nouvelle structure de réseau de réactions, qui produit un nouvel état stable, et ainsi de suite…

10) Si l'on veut parler encore d'essence de la vie – mais il n'est pas évident qu'on puisse en parler – alors peut-être devrait-on la localiser dans l'ensemble des systèmes dynamiques que constituent les réseaux biochimiques par lesquels des états fonctionnels se maintiennent, se transforment et se transmettent.

COMMENTAIRE

1) Commençons par évoquer un point important dans les travaux d'Henri Atlan et Moshe Koppel sur les concepts de complexité et de sophistication en théorie de l'information.

On peut entendre par « complexité » la longueur minimale d'un programme séquentiel d'ordinateur et de données nécessaires pour accomplir une tâche. On peut entendre par « sophistication » ou encore « complexité signifiante » une méthode rendant possible l'identification d'une structure de classe minimale caractérisant un programme informatique. Les données traitées ne sont plus alors qu'un objet particulier inclus dans cette classe.

Ce que montre le premier paragraphe du texte, c'est que la question de savoir si l'ADN est un programme ou des données traitées par un programme est indécidable. Il y a *sous détermination du modèle proposé par les faits*. Les deux modèles peuvent être également appliqués aux mêmes faits.

Considérons le premier modèle. L'ADN contient les gènes. Les gènes sont les éléments d'un programme. Il peut être encodé en bits (suite de O et de 1). Le réseau métabolique cellulaire est un interpréteur du programme. Des données sont traitées, c'est-à-dire des informations reçues de l'extérieur de la cellule. Ce premier modèle s'appuie bien sûr sur l'idée que l'ADN est bien traduit, puis transcrit de manière irréversible en protéines, c'est-à-dire l'idée que les gènes ne sont pas réductibles à leurs structures biochimiques. Ils accomplissent en même temps une fonction biologique : fabriquer des protéines et construire la cellule. Ils sont comme un programme traitant des données, sans que les données ne puissent en retour venir modifier le programme. Nous avons vu les défauts et les faiblesses de ce premier modèle. Il aboutit à des cercles vicieux logiques. L'ADN code pour la synthèse de protéines par des protéines.

Mais examinons le second modèle. Il nous permet entre autre de comprendre pourquoi les cellules d'un organisme développé ne restent pas totipotentes et pourquoi elles se différencient. Henri Atlan prend l'exemple du développement dans son petit livre. Soit l'œuf de la drosophile arrivé jusqu'à ce stade de son développement où des noyaux multiples se forment sans que la division cellulaire n'ait encore commencé. Cela s'appelle un *syncitium.* Dès la fécondation de l'œuf, on constate que des ARN maternels collés à la paroi cellulaire induisent la synthèse de protéines qui diffusent à l'intérieur de la cellule. Mais le gradient de concentration de chaque protéine régule ensuite l'activité de ces ARN. On sait aujourd'hui qu'il s'agit là de l'un des mécanismes à l'origine de la différenciation des cellules. Qui dit « différenciation » dit que certains gènes sont allumés et d'autres éteints. On voit bien que la machinerie cellulaire en est ici responsable selon une logique qui ne trouve d'ailleurs pas sa source simplement dans la cellule elle-même. On peut invoquer le fait que les protéines « bicoïde » et « caudale » qui diffusent sont elles-mêmes synthétisées à partir de fragment d'ARN. *Mais ce n'est justement pas celui qui existe à l'intérieur de l'œuf.* L'image a pourtant des limites évidentes : la machinerie cellulaire dépend ici de l'allumage de gènes à l'intérieur de l'œuf et à l'extérieur de lui. Elle dépend ainsi quand même encore des gènes. La machinerie cellulaire ne peut donc pas savoir quelles données elle va traiter sans l'aide de ces ARN maternels.

Mais, *une fois la différenciation faite*, on peut concevoir l'ADN de chaque cellule comme des données lues par un programme. Ce programme accomplit bien en effet telle ou telle tâche en fonction du fait que tel gène soit allumé et tel gène éteint. L'image fait donc sens, jusqu'au point où les données en questions *vont venir modifier le fonctionnement de la machinerie cellulaire*. C'est ce qui va évidemment arriver au cours du développement, puis du vieillissement. La machinerie cellulaire va fonctionner de plusieurs façons différentes, par le fait que les gènes vont s'exprimer d'une manière différente dans la même cellule.

2) Si on admet cette sous détermination du modèle, on tombe dans un nouveau piège. D'un côté l'ensemble des voies métaboliques, le rôle des ATP, NADH, hormones de croissance, etc. est largement conservé d'un organisme à un autre (avec quand même d'importantes différences) quel que soit le matériel génétique, mais si nous supposons qu'il s'agit d'un programme distribué, qu'est-ce qui explique que certains gènes s'allument ou s'éteignent d'une cellule à une autre? Qu'est-ce qui explique que dans tel contexte, l'ordinateur central va traiter telle donnée et non telle autre? L'approche holiste ne fournit pas de réponse. Nous avons vu au contraire dans le cadre du développement que ce sont des ARN maternels qui sont responsables de la différenciation cellulaire. D'un autre côté nous avons vu que l'approche réductionniste n'est pas plus satisfaisante : les gènes ont besoin des protéines, et des groupements chimiques à vocation épigénétique, comme CH3, pour coder la synthèse de protéines.

Mais il y a une solution, selon Henri Atlan, pour sortir de ce piège qui nous fait tourner en rond entre une représentation réductionniste et holiste des métaphores informatiques de code et de programme. Il faut sortir (dans une certaine mesure) du langage métaphorique qui est toujours (selon lui) dangereux pour la science, grâce à une approche systémique du problème. De ce point de vue, prendre la machinerie cellulaire comme un programme est une image qui garde quand même davantage de sens. Les cellules ressemblent alors à des automates logiques que l'on peut relier entre eux au sein de réseaux parallèles et distribués. Chaque loi logique de changement d'état spécifiant un automate est un gène. Le comportement de ces réseaux peut être simulé à partir d'un ordinateur. Mais ils ne constituent pas à proprement parler un programme d'ordinateur, au sens d'une suite d'instructions déterminée à partir de laquelle une tâche peut être accomplie étape après étape. Le processus computationnel est ici global et collectif et des propriétés du réseau surgissent qui n'étaient pas décrites au départ. Ces propriétés génériques que nous avons examinées auparavant dans notre ouvrage, ne sont ni les lois d'évolution du réseau, ni la loi de changement d'état de chaque automate. Nous avons donc affaire ici à ce qu'Henri Atlan a longtemps nommé lui-même des propriétés émergentes.

Concluons :

a) Henri Atlan est très méfiant lorsqu'il est question d'user du concept de vie. Mais on voit dans le dernier paragraphe du texte qu'il accepte d'employer ce terme, si l'on se réfère « aux propriétés dynamiques des réseaux biochimiques ».

b) Nous voyons également qu'Henri Atlan n'élimine pas le concept de gène. Il reste opératoire dans sa pensée. Il critique simplement la notion de « programme génétique ». Si les gènes, correspondent où coïncident avec des contraintes informationnelles, certaines propriétés de ces réseaux biochimiques doivent pouvoir expliquer comment ces contraintes informationnelles se mettent en place. *Le Dieu gène est donc l'effet d'un processus susceptible de modifier son activité et sa nature*. Il est ce dont il vient.

c) La dynamique de ces réseaux biochimiques, telle que la présente Henri Atlan dans ce texte ne peut qu'imparfaitement être modélisée par les réseaux d'automates, même si ceux-ci ne sont pas de simples joujoux. Nous avons présenté maints exemples qui indiquent que *ce que deviennent les gènes dépend du réseau et réciproquement que ce que devient le réseau dépend des gènes*. Il y a un large consensus pour attester la présence d'une telle dynamique dans la biologie d'aujourd'hui, au moins au niveau ontogénique. Ainsi par exemple le métabolisme cellulaire est modifié au cours du vieillissement, ce qui induit des modifications, au sens, où les gènes s'expriment différemment, mais également au sens où nombre de segments d'ADN codant ou non codant mutent, tout particulièrement en ce qui concerne l'ADN des mitochondries, les poumons de nos cellules. Cette caractéristique n'est pas modélisable dans les réseaux qu'il évoque : les automates logiques ne changent pas de loi logique en cours d'évolution.

d) Cette dynamique propre à « un réseau évolutif » pose un problème certain de modélisation. Il faudrait une simulation informatique à partir d'ordinateurs *capables de modifier en cours de route leurs règles de traitement des données*. La chose est partiellement possible aujourd'hui [1]. On peut obtenir des simulations très réalistes de la croissance de plantes. Mais plus elles sont *réalistes* et moins elles sont purement *numériques*, de telle sorte qu'elles peuvent reproduire un processus, mais sans permettre de calculer comment anticiper celui-ci. Il ne s'agit plus de résoudre une équation pas à pas selon la même

1. F. Varenne, *Les notions de métaphore et d'analogie dans les épistémologies des modèles et des simulations*, Paris, Petra, 2006.

ul. Il est vrai que la part théorique de la simu-
nue d'autant de ce fait. Nous tombons alors dans le
ème du statut théorique du modèle, du pouvoir qu'il a d'expliquer et de prévoir ce qui va se produire. Plus le modèle est sophistiqué et plus ce pouvoir est limité.

e) Les données récentes de la protéomique (étude systémique des interactions entre protéines) montrent que la cellule ne se comporte pas vraiment comme les réseaux d'automates booléens. Il semble plutôt que le fonctionnement des réseaux biochimiques obéisse à *une loi sans échelles*. On appelle « loi sans échelles » un réseau d'éléments qui évolue de telle sorte que l'on ne peut plus définir, ni une connectivité moyenne de ses éléments, ni une connectivité qui s'écarte d'une manière typique de la moyenne. Ces lois qui ne sont en fait que des propriétés génériques de ces réseaux. La principale est que, plus la connectivité est grande, plus la fréquence va chuter, mais sans disparition complète. Ces réseaux ont la propriété remarquable d'expliquer pourquoi certains éléments du réseau sont extrêmement interconnectés avec d'autres, tandis que la plupart des autres ne le sont pas du tout, ou juste un peu. Il semble bien qu'il en soit de même à l'intérieur de la cellule : plus les protéines ont de connexion et plus elles en gagnent encore, selon le principe du « si je suis riche je m'enrichis ». Les réseaux booléens ne prévoyaient pas de tels résultats. Ils supposaient plutôt que les propriétés génériques spécifiques du vivant apparaissaient lorsque l'on donnait une faible connectivité aux automates. Il faut se méfier néanmoins de ces résultats encore très récents et de l'interprétation que l'on peut en faire[1].

1. E. Fox Keller, « Revisiting "scale-free" networks », *BioEssays* 27, 2005, p. 1060-1068.

TABLE DES MATIÈRES

QU'EST-CE QUE LA VIE ?

TEXTES ET COMMENTAIRES

Imprimerie de la Manutention à Mayenne – Juin 2007 – N° 181-07
Dépôt légal : 2e trimestre 2007

Imprimé en France